非虚构阅读
是提升孩子科学素养和创新能力的关键

阅读高手

为孩子搭建非虚构阅读体系

徐美玲 著

机械工业出版社
CHINA MACHINE PRESS

这是一本关于非虚构阅读的图书。作者从儿童认知科学、脑科学等角度强调了非虚构阅读的重要性，提供了各个年龄段儿童的阅读参考书单，并且建立了全面、实用的非虚构阅读策略体系。在目前广泛重视文学阅读的背景下，作者强调认知改变和学习力提升，并从儿童心理学的角度，帮助家长和教师准确理解和把握儿童的能力和非虚构阅读的需求，是家长和教师陪伴儿童开展非虚构阅读，通过阅读助力儿童提升自主学习力和探索能力的重要指导书。

图书在版编目（CIP）数据

阅读高手：为孩子搭建非虚构阅读体系 / 徐美玲著 . —北京：机械工业出版社，2023.5（2024.9重印）
ISBN 978-7-111-73069-9

Ⅰ.①阅… Ⅱ.①徐… Ⅲ.①阅读辅导 – 儿童读物 Ⅳ.①G252.17-49

中国国家版本馆CIP数据核字（2023）第071192号

机械工业出版社（北京市百万庄大街22号 邮政编码100037）
策划编辑：徐曙宁　　　　　　　责任编辑：徐曙宁　张清宇
责任校对：薄萌钰　贾立萍　陈立辉　责任印制：郜　敏
中煤（北京）印务有限公司印刷
2024年9月第1版第2次印刷
169mm×239mm・18.5印张・170千字
标准书号：ISBN 978-7-111-73069-9
定价：69.80元

电话服务　　　　　　　网络服务
客服电话：010-88361066　机　工　官　网：www.cmpbook.com
　　　　　010-88379833　机　工　官　博：weibo.com/cmp1952
　　　　　010-68326294　金　书　网：www.golden-book.com
封底无防伪标均为盗版　机工教育服务网：www.cmpedu.com

如果我们能真正理解非虚构阅读的价值

将改变教育生态

释放出孩子的学习力和创造力

专家推荐

父母对于跟孩子一起阅读非虚构类作品往往敬而远之，而孩子接触科学、了解科学，恰恰是从阅读科普图书等非虚构类作品开始的。徐美玲老师在研究欧洲的非虚构阅读基础上，从儿童认知科学的角度强调了非虚构阅读的重要性，同时介绍了不同年龄段儿童阅读非虚构类作品的策略与方法，为父母和老师提供了科学、实用的阅读建议。

——朱永新

中国陶行知研究会会长、新教育实验发起人

非虚构阅读是了解人类已有认知的重要手段。无论你是非虚构阅读领域的"小白"，还是资深的老师，这本书都是最好的礼物。它是一张非虚构阅读领域的概览图，是珍贵的非虚构阅读策略百宝箱。可以说，这是国内少有的非虚构阅读领域的一部力作。

——郭小月

苏州大学新教育研究院副院长、一土学校创始校长

专家推荐

  非虚构类读物涵盖的范围很广，其中知识类作品对我们的学习力培养尤为重要。这本书从非虚构类读物的分类谈起，谈到不同年龄段儿童的认知能力、阅读策略，是从事儿童教育的工作者不可多得的参考书。

——李淼

南方科技大学物理系教授

  儿童阅读的重要性如今已是人所共知，而大家对儿童非虚构阅读的重视还远远不够。本书作者在儿童阅读领域有广泛涉猎并且经验丰富，在书中对儿童非虚构阅读的意义做了深入的阐释。同时，作者针对不同年龄段的儿童开列了详细的书单，并给出了阅读指导建议。本书行文晓畅，清晰简明，是一本实用而又及时的儿童非虚构阅读指南。

——顾远

Aha 社会创新学院创始人

  "真实"总是有万钧之力。非虚构读物的重要性正在于此，它们将真实的世界和思想带到我们面前，让我们更从容、更冷静、更勇敢。但这些书在哪里，怎么读，怎么读好？这本书填补了国内在非虚构阅读理论和方法方面的空白，强烈推荐家长和老师们阅读，从而更好地引导和帮助孩子们打开阅读世界之门！

——郑腾飞

上海筑桥实验小学校长、美国麻省理工学院化学博士

推荐序一
点燃孩子的好奇心

儿童,其实就是人类的童年。人类从童年开始,就对遥远的星际产生了浓厚的兴趣。

2020年7月23日,执行中国首次火星探测任务的"天问一号"探测器成功进入预定轨道,标志着中国正式开始了火星探测之旅。

对于星际探测,"火星叔叔"郑永春曾经做过一个小范围的调查,结果表明90%的孩子都听说过"天问一号",很多孩子都对火星感兴趣。

通常来说,孩子接触科学、了解科学,往往是从阅读科普图书等非虚构类读物开始的。

阅读非虚构类读物可以点燃孩子的好奇心,激发他们探索世界、探索未知领域的欲望,甚至可以帮助他们找到属于自己的事业。

目前,我们对经典著作的阅读比较重视,对文学作品的阅读比较重视,虽然也重视科学和科幻作品的阅读,但是总体而言,对非虚构类作品的阅读还不够重视。这与我们缺乏对非虚构类作品的研究有关。

推荐序一　点燃孩子的好奇心

非虚构类作品的提法也是一个舶来品，我们习惯把科普文章、传记、报告文学、新闻等划归于不同的阅读类型，并没有从非虚构的角度进行分析。

正是因为这个原因，当我看到徐美玲老师的这部新著时，眼前一亮，非常高兴地答应了为她写序的邀请。

徐美玲老师是一位优秀的阅读推广人、儿童阅读研究者，2014年曾经在我们的新阅读研究所工作过一段时间。她在瑞士生活期间，就对瑞士小学多样化的非虚构阅读材料印象深刻，并开始关注非虚构类作品的阅读。经过深入研究，她写出了这本具有一定开创性的帮助儿童阅读非虚构类作品的著作。

这本书从儿童认知科学、脑科学角度强调了非虚构阅读的重要性，论述了阅读非虚构类作品对于满足儿童的好奇心和求知欲、发展儿童的逻辑推理能力、培养他们的创造性思维，对于激发儿童进行主题探索、助力学科学习，对于帮助儿童建立正确的世界观、点燃人生理想、发展职业兴趣等，具有的重要意义。书中详细分析了非虚构类作品的基本框架，介绍了不同年龄段儿童阅读非虚构类作品的策略与方法，为父母和老师提供了科学而实用的阅读建议。

与阅读文学作品不同的是，中国的父母对于跟孩子一起读非虚构类作品往往敬而远之。主要原因无非有两点，第一是自己对某些领域不了解，担心无法为孩子起到指导作用，第二是每次跟孩子读非虚构作品的时候，孩子总是问个不停，而有的问题自己根本回答不上来。

徐美玲老师在书中给予了具体指导。一是建议父母不要担心自己的知识有限，对于自己不了解的东西，能讲多少讲多少，讲书之前多查阅相关资料，拓展自己的知识面。二是被孩子问住了也不要慌，和孩子面对同一个问题，正是亲子共读的好时机，完全可以陪着孩子一起去寻找答案，共同学习和成长。另外，博物馆、科技馆等都是激发孩子阅读人文、科普图书等非虚构类作品的好场所。在那里看到的东西，往往会成为孩子问题的源头，父母可以顺着这些问题的线索，带着孩子到书中寻找答案。

好奇心是打开世界之门、进入科学领域的钥匙，非虚构阅读对于激发孩子的好奇心具有重要的作用。相信徐美玲老师的这本书，能够帮助大家更好地带着孩子阅读非虚构类作品，把孩子带到一个更加辽阔的世界。

朱永新

中国陶行知研究会会长、新教育实验发起人

推荐序二
成为终身学习者

身为父母、老师,如果只做一件事来帮助孩子成为终身学习者,你的选择会是什么?

大多数人应该不会选择给孩子买最贵的益智玩具、报最受欢迎的辅导班,或者强迫孩子做不愿意做的事情吧。

其实这个问题并没有正确答案。我的答案是让孩子爱上阅读。因为阅读可以唤醒孩子内心深处的渴望,帮助孩子更深刻地认识自己;让孩子走进人类文明的宝库,与巨人对话;让孩子育德、励志、启智、明史。这些阅读的好处是毋庸置疑的。所以现在很多父母从孩子很小的时候,就非常注重培养孩子的阅读习惯。

然而,你知道孩子阅读能力的分水岭是什么吗?你知道这个分水岭会造成人与人之间的潜力差距吗?这个分水岭就是非虚构阅读的质与量。其实让孩子爱上阅读,大多数人重视的是对孩子阅读习惯的培养,但对于什么是虚构阅读、什么是非虚构阅读、什么样的阅读量更合适、什么样的阅读方法更有效,却很少讨论。相关研究发现,一个人对非虚构类文本的阅读能力会决定他能否在自己未来的职业中走得更高、更远。这类阅读是我们作为教师和家长都必须重视的。

过去几十年,对非虚构类读物的学习在国内是不受重视的。大量受过高等教育的人在阅读说明书、读取信息图表和专业文本信息时的能力都是偏弱的。虽然有些人已经在专业领域有所建树,但跨学科的阅读力和学习力却相对偏弱。现在,虽然我们有意识地想要关注非虚构阅读,但是中国的图书领域很难找到足够完善的非虚构阅读推荐系统,也没有阅读策略体系的引导与研究。面对良莠不齐、发展迅猛的少儿图书市场,我们如何选择非虚构类读物,如何针对不同年龄段的儿童进行阅读策略的引导,是当今父母和教育者共同面对的难题。

作为一土学校的创始校长,我在教育创新的路上,看到我们的老师为了坚持把非虚构类读物补充到学生的阅读中,进行了大量的资料搜索、梳理,并在庞杂的资料库中,找到了适合学生不同年龄段认知特点的文本。这是非常不容易的过程。

所以,当我的好朋友徐美玲邀请我给她的新书写推荐序时,我如饥似渴地读完了全书,甚至迫不及待地跟老师们说,解决问题的书终于要来了。无论你是非虚构阅读领域的"小白",还是资深的老师,这本书都是最好的礼物。它是一张非虚构阅读领域的概览图,是珍贵的非虚构阅读策略百宝箱。可以说,这是国内少有的非虚构阅读领域的一部力作。

它将解决：

- 什么是非虚构阅读？
- 为什么要进行非虚构阅读？
- 什么时候开始进行非虚构阅读？
- 怎样选择非虚构类读物？
- 不同年龄段儿童阅读非虚构类读物的策略有哪些？

没有一个孩子不热爱非虚构阅读，除非你没有给他选择的机会。读了这本书，你就会知道，如何引导孩子寻找那些十万个为什么的答案；你就会明白，为什么一本枯燥无味的知识类科普书，三岁的孩子可以叫你不厌其烦地读上百遍；你也会知道孩子的偏好，帮他选择他感兴趣的非虚构类读物；你也会学习到，在陪伴孩子阅读非虚构类读物的过程中，有哪些重要的阅读策略可以使用。

作为一名儿童阅读的研究者，徐美玲一直致力于儿童分级阅读的研究、阅读策略的研究，而这本书是国内较早原创的、较为系统的研究非虚构阅读的专业图书之一，无疑对我们认知非虚构类读物的价值、构建非虚构阅读的思维框架，起到了极为重要的推动作用。

非虚构阅读是了解人类已有认知的重要手段，读者通过对大量非虚构类读物的阅读与学习，来了解这个世界的基本问题，诸如"是什么""为什么""怎么样"和"怎么办"。而认知差距将成为未来人与人之间的最大鸿沟。当学习者真正从阅读中提取有效信息、建构知识体系，并不断用知识迁移来解决生活中的问题时，才能说我们在培养终身学习者。

让我们共同期待这本充满了严谨治学态度，精选了众多研究成果的书，快点与读者见面吧。

郭小月

苏州大学新教育研究院副院长、一土学校创始校长

自 序
相信阅读，改变学习的生态

菜谱、图书广告、动物介绍、天气预报、秦始皇……学期结束，儿子从学校带回的文件夹里居然出现了厚厚一摞这样的阅读材料。虽然我不能完全看懂法语的具体内容，但是大概知道是关于什么的。那是2008年。

在我从小到大的阅读经历中，从来没有这样的阅读材料，即使是考试的时候也没有。这些阅读材料引发了我的观察和思考，我开始研究瑞士法语区和法国中小学的非虚构阅读。我发现，法国的语言教学大纲中学前和一年级就有这样的要求："儿童应该能够认识并懂得，为什么人们使用不同的文字载体（书籍、杂志、报纸、字典、宣传广告、平面图、信件等）。"写作中有："采取向教师口授的方式'写'不同的'文章'（信件、清单、游戏规则、食谱、儿歌、故事、诗歌等）；设计一张卡片，列出游戏规则等。"这其中，非虚构阅读和写作占据很大的比重。

看到这样明确的要求,我开始思考:他们为什么要在学前和一年级就设置这样的教学内容?这些内容对于儿童的价值是什么?在中国,我们通常说的阅读好像只涉及小说、童话、诗歌、戏剧等,是什么原因让我们过去只聚焦于文学阅读?历史和制度的原因,出版市场的原因,还是相关科学研究的原因?

提出问题比解决问题更重要,一系列思考让我逐渐理解非虚构阅读的现状之成因。那么,非虚构阅读到底有什么重要的价值?通过学习儿童的认知心理过程,通过了解儿童的学习规律,通过理解文字符号的意义,以及大量实证研究,我明确了非虚构阅读在各个方面的作用。有研究发现,在阅读"我打开子柜"和"从电脑取出煮得滚烫的鸡蛋"这样的句子时,相比"子柜"这样顺序错误的词汇,读者的视线在"电脑"这个明显不合逻辑的词汇上停留的时间更长。这说明,在阅读的过程中,我们是在一边阅读一边思考和推理,我们还建立概念,发展推理能力,获取信息,等等。也就是说,阅读就是学习。

由世界经济合作与发展组织(OECD)发起的国际学生评价项目(Programme for International Student Assessment,简称PISA)是全球范围进行的一项大型学生学习质量比较研究项目。其阅读素养测评框架包含四个维度,其中之一就是阅读情景的维度,并把阅读活动分成了四种不同的情景——个人情景、公共情景、职业情景和教育情景。教育情景就是"为了教育而阅读",对于学习者来说,就是为了学习新知识而阅读。

那么，如何选择非虚构类读物阅读和学习，又如何进行非虚构阅读呢？我结合儿童的各项能力发展特点和成长目标，以基本学习模型、跨学科策略、教育目标分类为基础，针对不同类型的图书，参考国际上重要的阅读素养研究体系和策略发展体系，针对0~18岁儿童（联合国《儿童权利公约》定义儿童为0~18岁），建立了一个较为完整的非虚构阅读策略综合体系。

如何使用这本书呢？父母和教师可以以年龄为标准，查阅"非虚构阅读策略综合体系"，为儿童提供参考书，并且运用不同的阅读策略，协助儿童完成学习目标。比如，0~3岁儿童应选择有利于视觉激发、讲解基本概念或陈述简单信息的图书，适用的阅读策略包括反复阅读、理解新词和概念、关注跟自身有关的细节等。

为什么我要写这本书？在这里，我有必要引用一些名人名言。加拿大心理学家斯蒂芬·平克认为："人类借由理性获得更好的发展。"虽然再怎么学习，人类也是不完全理性的，但是一定程度上的理性可以帮助人们更好地做出决策。我在书中不厌其烦地罗列了一些研究成果，以展示非虚构阅读的重要性，虽然枯燥，但是它将会影响你的决策和行为。著名哲学家弗朗西斯·培根说："知识的力量不仅取决于其自身价值的大小，更取决于它是否被传播，以及被传播的深度与广度。"因此，我把所了解的非虚构阅读的价值、相关阅读策略分享给大家，希望更多的人认识到其中隐藏的巨大能量，让自己和孩子能够更好地在阅读中学习。

我全身心投入儿童阅读领域有十多年了，从研发书目、担任阅读竞赛出题人到研究各国的课程体系，我越来越相信阅读的价值。我自己就是一个借由观察、思考、实践以及大量阅读专业书籍而成为一名儿童阅读研究专业人士的最好案例。所以，我有一个信念：如果我们能够更好地理解阅读的价值，能够更好地为儿童提供能够激发和满足他们求知需要的图书，那将会改变我们的教育生态，改变我们的学习生态。如今，市场上的非虚构类读物已经今非昔比。作为多年从事儿童书目研究、儿童阅读研究和优秀童书评选的专业人士，我所了解的已经出版的儿童非虚构类读物领域广泛，种类繁多，形态丰富，从微观世界到遥远广袤的宏观世界，从自然科学到抽象的社会科学，从简单概念到复杂的原理，各个种类的图书都极为丰富。正因为有如此丰富的非虚构类读物，所以我们才去强调非虚构阅读，以及通过非虚构阅读去学习、成长。

请让我再强调一次，如果我们能相信阅读作为一种非常重要的学习方式的价值，重视阅读，科学地进行阅读，这将极大地改变我们的学习生态，赋能我们的生产力和创造力。

阅读，就是学习。

徐美玲

目 录

专家推荐
推荐序一 点燃孩子的好奇心
推荐序二 成为终身学习者
自　　序 相信阅读，改变学习的生态

第一章 01
我们为什么需要非虚构阅读？

非虚构阅读的价值 2	认识世界，建立科学的世界观　20
满足好奇心和求知欲　3	为非虚构写作打下基础　21
掌握和理解概念，发展推理能力　7	**国内外的非虚构阅读概况**　23
激发主题探索，获得领域内的发展　11	低幼儿童与非虚构类图书　23
提高认知能力有助于各个学科的学习　13	小学生与非虚构阅读　24
理解学科知识在具体情境中的应用　15	我国的非虚构阅读现状　26
获取信息，发展思维和创新能力　15	非虚构阅读与各类考试　26
获得科学研究的方法　18	
	被忽视的非虚构阅读　30
	长期重视经学的科举考试　31
	近代科普读物的出版十分薄弱　31
	儿童认知能力一直被轻视　32
	非虚构阅读与科学素养培养　37

XVII

第二章
非虚构类读物 02

非虚构类读物是什么?	44
非虚构类读物涉及哪些知识领域?	46
非虚构类读物包含哪些类型?	48
概念认知类	48
事物原理类	49
启发思维类	50
动手实验类	51
领域发展史类	52
人物传记类	53
职业与组织结构类	54
逻辑类	55
其他	56

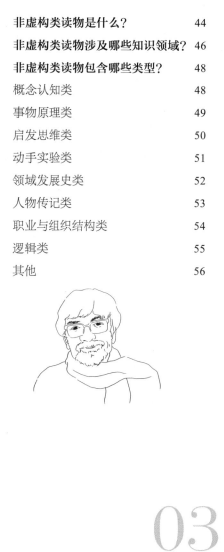

第三章
非虚构阅读策略体系

如何选择非虚构类读物?	62
与儿童已有的基本知识和概念相匹配	66
遵循从趣味科普到专业知识的路线	66
关注多个科学领域,兼顾文理	67
给予儿童充分的选择权	68
非虚构阅读的目标	69
非虚构阅读的策略	70
阅读策略与相关元素	71
阅读策略与教育目标	73
阅读策略与学习策略	74
阅读策略与阅读素养	77
阅读策略对低龄儿童的支持	80
知识、策略和动机	80
儿童非虚构阅读策略体系	81

第四章
0~3 岁儿童的非虚构阅读

0~3 岁儿童的认知能力	94
0~3 岁儿童的非虚构阅读推荐书单	97
0~3 岁儿童的阅读策略	104
自我系统	105
学会阅读	106
信息提取	111
应用	113

第五章
4~6 岁儿童的非虚构阅读

4~6 岁儿童的认知能力	116
4~6 岁儿童的非虚构阅读推荐书单	119
4~6 岁儿童的阅读策略	128
自我系统	128
学会阅读	130
信息提取	132
信息整合	137
反思评价	137
应用	138
元认知系统	141

第六章
7~9 岁儿童的非虚构阅读

7~9 岁儿童的认知能力	144
7~9 岁儿童的非虚构阅读推荐书单	146
7~9 岁儿童的阅读策略	157
自我系统	157
学会阅读	160
信息提取	163
信息整合	166
反思评价	168
应用	169
元认知系统	171

第七章
07 10~12岁儿童的非虚构阅读

10~12岁儿童的认知能力	176
10~12岁儿童的非虚构阅读	
推荐书单	178
10~12岁儿童的阅读策略	187
自我系统	187
学会阅读	188
信息提取	189
信息整合	193
反思评价	196
应用	197
元认知系统	200

第八章
13~15岁儿童的非虚构阅读

13~15岁儿童的认知能力	204
13~15岁儿童的非虚构阅读	
推荐书单	206
13~15岁儿童的阅读策略	212
自我系统	212
学会阅读	213
信息提取	214
信息整合	214
反思评价	217
应用	222
元认知系统	224

第九章 09
16~18 岁儿童的非虚构阅读

16~18 岁儿童的认知能力	228
16~18 岁儿童的非虚构阅读推荐书单	229
16~18 岁儿童的阅读策略	237
自我系统	237
学会阅读	238
信息提取	239
信息整合	240
反思评价	241
应用	244
元认知系统	246

第十章 10
非连续性文本以及其他类型文本的阅读策略

纪录片	251
学习策略	254
后　记　努力的路上，学会和失败做伴	256
附　录　非虚构类作品奖项	258
注　解	262
参考文献	266

弗朗西斯·培根

知识的力量不仅取决于其自身的价值,更取决于它是否被传播以及被传播的深度和广度。

第一章 我们为什么需要非虚构阅读？

非虚构阅读的价值

满足好奇心和求知欲

掌握和理解概念，发展推理能力

激发主题探索，获得领域内的发展

提高认知能力有助于各个学科的学习

理解学科知识在具体情境中的应用

获取信息，发展思维和创新能力

获得科学研究的方法

认识世界，建立科学的世界观

为非虚构写作打下基础

国内外的非虚构阅读概况

低幼儿童与非虚构类图书

小学生与非虚构阅读

我国的非虚构阅读现状

非虚构阅读与各类考试

被忽视的非虚构阅读

长期重视经学的科举考试

近代科普读物的出版十分薄弱

儿童认知能力一直被轻视

非虚构阅读与科学素养培养

非虚构阅读的价值

是什么决定了你去做这件事,而不是那件事?

- 兴趣?
- 有用?
- 习惯?

以上三方面可能是最为重要的影响因素,当然这三个因素之间也会互相影响。在这里,我想解释一下"有用"。当我们认知到一件事情的巨大价值和用处的时候,就可能去尽力做这件事。对一件事的重要性或者价值的判断,是影响我们采取行动的内在动机的重要组成部分。比如,我们知道在银行存钱有利息,还不会被偷,所以我们把钱存在银行。当发现投资其他方面收益更高的时候,有人就会把钱从银行取出来。当我们学习到锻炼身体不只会让身体更健康,大脑也会获得更多营养,更有助于思考的时候,我们就会努力去锻炼。所以,在讲解非虚构阅读的策略之前,我们有必要认真了解下非虚构阅读的价值。

当你真正理解了非虚构阅读的价值和意义的时候，才能更好地去使用那些方法，或者自己去发现更多的好书，运用更适合自己的方法。

满足好奇心和求知欲

为什么我有家？为什么人会说话？为什么小婴儿不会说话？为什么人会变老？为什么人会死？为什么人会长头发？为什么人的手会动？为什么有人是男的，有人是女的？男生爱哭为什么很丢人？死神会不会死？

为什么蜘蛛要织网？为什么树是绿的？为什么树上会长苹果？西瓜虫能变成西瓜吗？为什么螃蟹横着走？为什么汽车能跑，玩具不会跑？坐汽车里看路边的树，树为什么会跑？"打水煎包"是用棍子打吗？

为什么晚上有月亮，没有太阳？为什么天上会下雨？

时间是什么？时间有生命吗？时间能停下来吗？时间能回到过去吗？时间能弯曲吗？

为什么数字会数不尽？火箭能飞到外太空吗？为什么风车转起来以后像是不动的？垃圾食品为什么那么好吃？国家是怎么来的？为什么会有"三八"妇女节？……

看着如此多的"为什么"，你惊讶吗？

美国加州大学发展心理学家米歇尔·乔伊纳德（Michelle

Chouinard）在分析了 4 个孩子与看护人之间 200 个小时的对话记录后发现，2~5 岁的孩子平均每分钟要问 1~3 个问题，每年大约要问多达 4 万个问题。

人类生来就具有好奇心。实验人员给胎儿播放不同的音乐，最开始播放的时候，胎儿会明显地随着音乐产生胎动。经过几次重复，胎儿对声音就不再有反应，因为他们对这些声音已经很熟悉了，但是换一种音乐以后又会产生新的胎动。这表明，人类在胎儿阶段就已经对新奇的事物有好奇心了。

其实不止人类有好奇心，动物一样具有好奇心。比如我家的小猫，对任何我新带回家的东西都要探索一番，抓拉我背包里的东西、撕破我的快递包裹、摇晃我新插的花、抓挠我新换的沙发巾……科学家通过实验对此进行了严格的求证（科学家可能是世界上最具好奇心的一类人了）。心理学家津巴多（Zimbardo）和蒙哥马利（Montgomery）把一群老鼠关起来，不吃不喝几天之后，再把它们放到有食物和水的迷宫中。面对它们迫切需要的食物和水，80% 饥饿口渴的老鼠在逃出牢笼的头两分钟内居然去玩走迷宫，而不是马上去填饱肚子！你看，在我们看来似乎只知道混吃混喝的动物都具有好奇心。

为了回答孩子千奇百怪的问题，为了满足他们的好奇心，为了协助他们一步步地掌握知识，为了进一步激发他们探索的欲望，为了教会他们提出有价值的问题，为了协助他们探索更广阔的未知世界，我们是不是应该多给孩子读一些百科类的书、科普类的书，也就是非虚构类图书呢？

非虚构类图书包含认知世界的知识，能够满足我们"为什么是这样""原来是这样"的好奇心，并带来快乐。比如，"啊，我知道了，原来蜘蛛是这样捕食和躲避天敌的""啊，原来小婴儿是这么来的"等。现在，非虚构类图书的形式既多样又有趣，从洞洞书、立体树、触摸书、胶片书、3D书发展到VR图书。比如，描绘火山爆发的立体书，带有胶片的《第一次发现》，VR图书《艺术跑出来了》，3D镜面绘本《不可思议的彩虹》，会融化的感温变色书《企鹅冰书：哪里才是我的家？》，等等。

这些奇思妙想的图书不但在内容上满足了儿童的好奇心，在形式上也制造了更多的惊奇，给儿童带来了通过动手获悉谜底后的愉悦感和丰富的感官体验。世界知名的非虚构类图书出版机构DK公司的一本书《DK儿童百科全书》，完美诠释了非虚构类图书在满足儿童好奇心方面的价值。

其他又如，通识绘本《太阳在哪儿充电？》，展示人体结构的《如何制作一个哥哥》，讲解常见昆虫的《生命的奇迹》，介绍工程与机械原理的《万物运转的秘密》，解释时间概念的《呀！时间》，解释万物奥秘的《十万个为什么》，等等。

阅读非虚构类读物，有不同于阅读小说、童话等虚构类读物的乐趣。亚历山大（Alexander）[1]调查了一组8~14岁的学校儿童接受和阅读非虚构类读物的情况。在学校进行的阅读挑战活动中，他组织学生阅读科普书，并在活动前后对学校老师和学生进行了测试。在参与非虚构阅读之前，大多数学生对科普书等非虚构类读物的态度是感到枯燥、畏难，或者认为自己根本不需要读这类书籍；稍微积极一些的态度是愿意参加挑战。

挑战活动结束后，学生发现阅读科普书本身就是快乐的源泉。亚历山大的结论是，阅读虚构类读物和非虚构类读物的乐趣可能存在不同，阅读非虚构类读物的乐趣包括很多种，有外在竞争乐趣、内在动机被激发的乐趣、审美乐趣等。

那些对故事书不感兴趣的人，可能对科学图画书更感兴趣，他们可以从非虚构图书发展出对阅读的兴趣。在《阅读的秘密》一书中，我分析过为什么虚构类图书会吸引大部分人，但是事实上有些人可能并不喜欢虚构的故事书。我在为家长做咨询的时候，就碰到过几个这样的孩子。难道他们从此就要跟阅读失之交臂了吗？当然不会。后来，我根据他们喜欢的领域，推荐了一些难度适宜的科普书。结果，他们在自己感兴趣的领域内不断地阅读非虚构类图书，爱不释手。苏珊娜·史密斯（Susannah Smith）[2]为6位不怎么喜欢阅读的男孩推荐了足球、恐龙、太空等领域的非虚构类读物，结果这些男孩从以前不爱阅读、没有自信的状态最终成为这些领域的小专家，赢得了同龄人的尊重和喜爱。

掌握和理解概念，发展推理能力

掌握一个概念，不单单是知道一个词，而是随之发展出有关的推理。概念，是人脑对客观事物特征的反映。在通过语言进行的思维过程中，概念是以词的形式出现的，比如狗、哈巴狗、动物。当我们教会孩子这些词的时候，孩子不是简单地知道了一个事物的名称，其间还包含着相关思维的发展。当我们发现一只天鹅是白的，别的天鹅也是白的，直至看到所有天鹅都是白的时，我们会认为天鹅就是白的。这在逻辑上叫作归纳推理。

格拉哈姆（Graham）[3]和他的同事研究发现，玩玩具的时候为玩具命名，有助于发展儿童的归纳推理能力。他们做了这样一项实验：分别给两组 13 个月大的幼儿介绍一些玩具，但只告诉其中一组幼儿这些玩具有一个奇怪的名字（比如"奇卡"），对另外一组幼儿则没有告诉他们这些玩具有名字。实验者拿着一个玩具给幼儿演示了一些动作，用来展示这个玩具所具有的一些表面看不出来的隐藏特性，比如摇动时发出特别的声音等。然后，让他们去玩跟这个玩具类似的其他新玩具。

实验结果令人非常诧异：不知道玩具名字的那组幼儿，仅仅很有限地尝试了这些玩具隐藏的特性，试着玩了那些跟实验者演示的玩具很相似的玩具；而知道这些玩具叫"奇卡"的那组幼儿，会尝试着摇动大部分新玩具，将上一个玩具的特性应用到大多数新玩具上，甚至包括那些看起来和"奇卡"不是很相似的玩具上。

这说明，有了一个名称或概念以后，幼儿会更多地认为叫这个名称的事物都具有某些特性，也就是进行了归纳，然后会把这些特性应用到所有类似的东西上，也就是进行了推理。

所以，不要小看对一个简单的词的学习，当儿童成功地掌握一个词时，他就不仅是知道了一个词、几个字，而是理解了一个概念，也掌握了这个概念的所属特征，并发展出分类、归纳、推理的能力。

但是，概念的掌握是一个非常复杂的过程。举例来说，当儿童头脑里掌握的词汇数量很少的时候，他们对大部分事物的性质还是未知的，那么我们讲的那个词就不一定是他们认为的那个。比如，我们指着一个红色篮球说"圆的"，他们或许会以为那种红红的颜色叫"圆的"，或者球上粗糙的颗粒叫"圆的"。当我们指着红色篮球说"圆的"，然后指着白色足球说"圆的"，再指着黄色乒乓球说"圆的"，那么他们就可能归纳出"圆的"是指物体的形状。但是初学的儿童会犯很多错误，比如错误地扩大或缩小概念，初学"狗"的儿童，可能会把所有有毛的、四条腿的动物都叫作"狗"。

阅读非虚构类图书是掌握字词和科学概念的重要工具。儿童能够在谈话和阅读中利用推理映射过程自动进行新词汇的学习。辛西娅（Cynthia）[4]做过一项实验，给3~4岁儿童阅读科普类图画书，几遍之后再让他们复述这些图画书的内容，然后测试他们掌握的科学词汇。结果发现，这些儿童比没有阅读这些图画书之前的词汇量有显著的提高。

研究人员通过眼动仪追踪发现，一个二年级学生在阅读中遇到气球（balloon）这个生词时，会先试探用"bal-"来进行拼读，拼不下去的时候，他就会去看图片。看到图片上父亲在吹气球，于是他就读出了"balloon"。这说明儿童在读图画书遇到生词的时候，能够自发地通过插图讲述的故事识别文本中的生词。

儿童通过阅读非虚构类图书，对科学概念的学习能力都会提高。帕帕斯（Pappas）调查了英语国家的学前儿童重复地自主阅读科学绘本后的情况。与第一次阅读相比，儿童第二次阅读同一本书时更关注图片，第三次阅读时更关注书中的文字信息，或者使用书中的科学概念和术语来解释图画。

卡伦（Karen）[5]等人的研究发现，美国采用"共同核心标准"中的建议，提供给学生的阅读文本有一半是非虚构类文本后，教师也增加了对信息性文本的使用。他们调查了一年级、二年级各一个班8周的阅读教学情况，发现学生阅读非虚构类文本能更好地运用理解策略并定义词汇，阅读非虚构类图书的动机也更强。因此，卡伦建议教师在小学阶段使用更多的非虚构类图书来支持学生的阅读理解和词汇发展。

在虚构类图书中，大多数字词属于日常交际词汇；在非虚构类图书中，则会出现很多科学概念。科学概念包括某一学科的专有词汇、科学研究的专用术语等。狭义的科学概念指的是科学领域内所有被科学证明，并得到科学家、研究者普遍认同的概念。比如日常概念"东西"，对应的可能是科学概念"物质"。它们更加抽象化、形式化，在日常交流中不常出现，但是对于学习某一学科知识、理解科学概念、提高逻辑思维能力则具有重要作用。儿童掌握的科学概念越多、词汇越多，所了解的各个领域的常识就越多，理解新信息的能力也越强。

美国双语教育家吉姆·康明斯（Jim Cummins）也提出一个理论，他认为人类的语言能力可以分为两大类：一类是日常交际技能（Basic Interpersonal Communicative Skills，BICS），也就是我们处理日常事务所需的语言能力；另一类是认知学术语言能力（Cognitive Academic Language Proficiency，CALP），涉及一部分基本认知能力中的概念、信息、表达与逻辑。吉姆·康明斯认为，大部分人掌握一门语言的日常交际技能可能只需要2~3年的时间，但是要达到认知学术语言水平，则需要不低于5年的时间。因此美国提倡，孩子应从小接触认知学术语言。而非虚构类读物就是重要的阅读材料。

阅读非虚构类读物，除了能获得新的概念，也能纠正错误的概念。每个人仅仅凭感官获得的关于世界的信息，往往存在错误或者偏差。

比如，太阳和月亮是围着地球转的，地球是平的，不干不净吃了没病，等等。如果多读一些科普书等非虚构类图书，人们就会改变这些错误的概念，并理解这些现象背后的科学原理。

激发主题探索，获得领域内的发展

非虚构类读物一般是按照主题划分内容的，比如关于水的、关于建筑的、关于植物生长的等。当儿童对某个主题的知识感兴趣时，很容易受到激励去主动寻找问题的答案，比如寻找同一主题的图书、网上搜索信息、查找参考资料等。我认识一个喜欢历史的小朋友，他最开始是因为看了《植物大战僵尸》这本杂志上的一些历史漫画，引发了对历史的兴趣，三年级的时候，他居然找了五个版本的《三国演义》做对比，看哪一本多写了什么、少写了什么、为什么这样写。

阅读的过程就是理解和判断的过程，也是学习的过程。如果其中含有我们已经知道和熟悉的内容，则是一种复习。如果含有我们以前从未接触过和了解过并且不能马上理解的内容，在经过解释、思考之后被我们理解，那么大脑中已有的知识与新信息就产生了交互作用，或者新信息被同化到已有的知识中，或者旧有的知识被新信息改变，这都说明大脑吸收了新信息。比如，读完这本书，大家会了解和学习到关于非虚构阅读的一些知识和方法。

持续深入地关注、探索某一领域的知识，会逐渐增加对这类主题内容的敏感性，从而积累该领域内准确、权威、有趣的科学知识。通过自主阅读非虚构类读物而取得重要成就的人很多。法国实验心理学家、智力测验的创始人阿尔弗雷德·比奈（Alfred Binet），大学的专业是法律，后来因为对心理学感兴趣，37岁开始在巴黎国家图书馆阅读心理学书籍，最终成为智力测验的开创者。

我们再看一个TED上介绍的案例。阿尔茨海默病患者会失去记忆和基本生活能力，对于很多人来说，通常的解决方案是在患者的口袋里放一张写有家庭地址和联系电话的字条。

而美国的华裔少年肯尼思·什农组卡（Kenneth Shinozuka）为了解决爷爷在家人不知情的情况下走失的问题，他首先通过电子墨水制作了薄膜式传感器，又成功地制作了一个体积极小的电路系统，然后将这两样东西结合起来制作了一个带有传感功能的袜子，并自己编程，开发了一个可以被蓝牙控制的App。所有的技术都是他根据非虚构类读物上的知识自学的，当做这一切的时候，他只有15岁！

当然，他们的成功不光是因为阅读，更多的是强烈的好奇心和不懈的学习、实践精神。但是，非虚构阅读确实帮助他们实现了自我成长。过了阅读关的三年级以上的儿童，已经有能力逐步通过非虚构阅读进行某个领域的学习和探索了。

持续在某个知识领域阅读和学习，长大后才有可能获得更好的自我发展机会。随着社会的进步，学科前沿的领域划分越来越细，学科间的交叉越来越广泛,每个人所具有的在不同领域的发展机会也越来越多。儿童关注和学习各种各样不同的新事物,未来才有可能进行深入研究,甚至抓住发现某个细分领域的机会。

提高认知能力有助于各个学科的学习

美国研究人员通过相关研究表明,非虚构类文本非常有利于提高儿童的认知能力。认知能力是指大脑在加工、储存和提取信息时的能力。知觉、记忆、注意、思维和想象等能力都属于认知能力。儿童阅读非虚构类文本之后,对于信息的理解、获取、加工和记忆能力会显著提高,更高阶段的能力比如思维和想象能力也会得到提高。

如果儿童开始对某一个类别的信息感兴趣,就会努力寻找相关信息,这对相关学科的学习非常有帮助。因为有趣、好玩、难度不同的好书太多了。

以数学为例。从数学启蒙阶段的图画书到复杂的数学思想类图书,你可以自由探索"美丽的数学"系列、《数学帮帮忙》、《你好!数学》、"数学启蒙"绘本丛书、"无处不在的数学"系列、《数学的故事》、"汉声数学图画书"系列、《李毓佩数学童话集》、《迷人的数学》、"可怕的科学·经典数学"系列、《趣味代数学》、《数学小丛书》、《十万个为什么:数学》、《几何原本》、"数学圈"丛书、《数学之美》、《无言的宇宙:隐藏在24个数学公式背后的故事》,等等。

再以我不擅长的化学为例。已出版的图书包括"DK有趣的科学"系列的《有趣的化学：这就是元素》、《万物由什么组成：化学元素的奇妙世界》、《超级有趣的科学实验：古怪的化学》、《有趣得让人睡不着的化学》、"有趣的科学法庭·化学法庭"系列、《一本有趣又有料的化学书》、《有趣的化学科学实验101》、《视觉之旅：奇妙的化学反应》、《迷人的材料》等。如果当初有这么多好玩、好看的化学科普书，我学习的痛苦可能会减轻好多。

关于阅读非虚构类读物对学科学习的有效帮助，例子不胜枚举。有位初中生在接触化学之后疯狂爱上化学，高中时已经"刷"完了大学化学课本的内容。那些小小年纪对生物、天文、历史、地理感兴趣的孩子，在非虚构阅读中不知不觉储备的知识和思考会极大地助力他们学习相关学科。

美国的布拉塞尔（Brassell）[6]在一所资源匮乏的学校进行了实验。他为实验班级争取了大量与科学有关的书籍捐赠，并加大了科学课上的阅读时长。学生阅读了大量有趣的非虚构类图书。如果学生对某一些科学课题感兴趣，布拉塞尔就为他们采购相关的图书。实施这些措施后，学生的阅读理解能力、词汇量以及对科学的热情都得到了极大提高。

理解学科知识在具体情境中的应用

不同的学科都有自己独特而严谨的知识表达系统，比如数学的运算符号、化学的元素、物理的公式等，我们需要运用这套从本质上抽象出来的符号体系去解决实际问题。但是在真实世界中，问题通常是用语言描述的，而不是直接用符号表达的，我们需要识别出语言描述中所包含的学科知识，将其转化为具体学科的理论，并进行相关的运算来解决问题。比如数学应用题就是要将语言文字信息转化为数学表达，这样才能在具体情境下使用数学知识解决问题。

在具体情景中识别隐藏的学科信息，要比直接进行公式运算更难。因为阅读时还需要处理一些具体的情景信息。比如，研究人员对美国不同地区的儿童进行的研究发现，同样的数学问题，如果是关于玉米种植的题目，生活在农场中的儿童比城镇儿童理解起来更容易一些。因此，我们对于知识的应用是需要在具体情景中进行的。多进行非虚构阅读，建立学科知识的一些基础架构，有助于儿童对其中的学科线索进行识别，最终帮助他们思考和解决具体情景中的问题。

获取信息，发展思维和创新能力

英国教育专家彼得·斯基汉（Peter Skehan）提出的信息加工理论

（见图1-1）认为，人的思维过程是大脑对从外界输入的信息进行加工的过程，我们获取信息的数量和质量直接决定了我们思维的深度。非虚构类读物中更多是关于世界如何运转的信息，对于我们更好地认识世界、思考世界大有益处。如果没有对高质量信息的处理，就很难产生正确和恰当的思考结果。

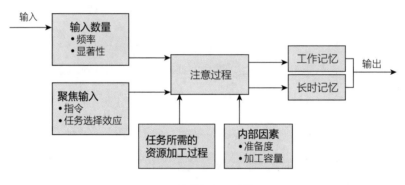

图1-1 信息加工理论模型

要得出专业的见解，需要的是领域内丰富的专业知识。众多研究表明，专家和新手的差异不仅仅表现在一般能力上，也不是一般策略应用的差别。相反，专家获得了宽厚的知识，这些知识会影响他们所关注的事物，影响他们在环境中如何组织、再现和理解信息，而这又会影响到他们记忆、推理和解决问题的能力。比如，他们会围绕专业核心概念以及涉及的知识范围，对知识进行优化加工和组织。专家对领域知识了解得越多，对概念的理解也就越全面，理解深度也就越密集，解决问题时对知识的提取也就越快速。

以我自己为例，当我围绕儿童阅读这一核心概念，广泛涉猎脑科学、认知科学、心理学、人类学以及文艺理论的相关知识之后，对于儿童阅读的相关过程就理解得更加深入，对于问题的思考也能贯穿所有相关领域的知识而提出问题解决方案。

所以，不管哪个领域，通过阅读以及实践获取较为全面的专业领域信息，成为领域内专家，是发展思维能力和决策能力的重要基础。

接触丰富多样的信息促进创新的产生。心理学家亚历山大·贝恩（Alexander Bain）提出了"新的组合来自头脑中已有元素"的理论。他认为大部分新事物并不是凭空产生的，而是在很多已有事物的基础上重新组合产生的。

李欧·李奥尼（Leo Lionni）创作的图画书《鱼就是鱼》展示了想象与创意的一个侧面。故事里有一对好朋友——鱼和青蛙，上了岸的青蛙给水里的鱼讲了在陆地上看到的蜻蜓、人、牛、鸟。一直待在河里的鱼，一边听一边想象着那些人、牛和会飞的鸟。这本书的图画上，鱼头脑中的人不过是有两条腿的鱼，奶牛是长了乳房的鱼，鸟是带翅膀的鱼。《山海经》中看起来无比奇特的动物，也是人们在想象中从不同的现实动物中拿出一部分组合起来的，比如"鯥"（lù）这种动物具有鱼的皮肤、牛的腿和蹄子、鸟的翅膀、蛇的尾巴（见图1-2）。

要想培养具有创新能力的儿童，就要让他们获得丰富的信息，而多阅读尤其是阅读非虚构类读物，就是获取信息时高性价比的方式之一。

图1-2 《山海经》中的奇异动物

获得科学研究的方法

非虚构类读物比虚构类读物包含更多的词汇类型和科学概念。另外，非虚构类读物在呈现信息时会使用一些逻辑推理的方式，因此儿童在阅读后可以获得相关的推理能力。当围绕所阅读的非虚构类读物展开交流时，也会促进儿童获得这类词汇。

斯莫尔金（Smolkin）[7]等人的研究也发现，当教师和学生开始建立科学概念与语言之间的联系时，非虚构类读物就为教师和学生提供了将抽象的推理语言应用于口语交流的机会。所以儿童阅读这类读物有益于增加他们的词汇量,发展推理性的语言技巧。比如,"比较大象和老鼠的体重"这样的语句中就包含了"比较"这个科学概念。

非虚构类读物会以对照、比较、分类等方式来表现科学知识,而这些方式也恰恰是科学家进行科学探究时常用的方式。通过阅读某些主题的非虚构类读物,儿童能够探寻到科学的思维方式以及问题的解决方法,并获得此类学科的探索经验。如果在儿童自主阅读、理解非虚构类读物的同时,教授他们一些策略,比如提问、总结、分类、预测,就跟科学探究中使用的策略很类似了。许多专家一致认为,科学探究与科学阅读都是儿童科学学习的重要方法,同时也都对儿童科学学习能力的发展起着重要的作用。阅读非虚构类读物,可以支持他们进一步去做科学研究和调查。

许多专家一致认为,科学探究与科学阅读都是儿童科学学习的重要方法,同时也对儿童科学学习能力的发展起着重要的作用。科学家不可能单凭阅读来进行研究,但也没有一个科学家能信步走进实验室,不做任何学习就开始操弄材料与工具。科学家仍然必须在开始时利用阅读与写作来获取基本信息、探索科学现象,因为先前的知识一般都写在书里,每个人都要在先前别人已经做过的探索基础上开始,而这些都需要非虚构阅读。而且科学家也要通过阅读、写作与科学领域内的专业人士分享和交流科学信息,这也是促进科学发展不可或缺的部分。

认识世界,建立科学的世界观

我们对世界的认识和观点,一部分取决于我们对日常接触到的事物的直观观察、思考,另外也受其他信息的影响,特别是对更全面、多角度信息的获取、分析和所使用的理论进行的解释。如果我们通过非虚构阅读掌握更为全面的信息、更为科学的理论,那么我们对于世界的认知就会更加科学,做出的分析、决策、行为反应也会更为科学。比如,了解一些心理学的人,就会知道人容易受环境影响,并非是完全理性的人,所以对别人就会更加宽容。

阅读传记类图书有助于我们了解谁做了什么、怎么做到的,这能激励读者克服困难。国际知名教育家玛丽·伦克·贾隆戈(Mary Renck Jalongo)[8]认为,非虚构阅读具有除阅读之外的其他重要作用:通过了解科学史上做出里程碑式贡献的个人或者集体,比如科学家、研究者、探索者、建设者的经历和故事,儿童能够意识到每个人对社会的影响和贡献。例如数学发展史上,笛卡儿创立了解析几何,牛顿和莱布尼茨分别创立了微积分,这使得数学对科学、社会、人类思想进步产生了巨大的推动作用。又如英国科学家亚历山大·弗莱明、霍华德·华特·弗洛里、厄恩斯特·钱恩三个人发现、培养和提取青霉素的接力工作,减少了疾病的伤痛,改善了人类的健康。

阅读关于环境、历史的图书,我们能更好地理解人、自然和社会的关系。由于每个人日常接触信息的空间有限、时间有限，可能对更长时间和更大空间的信息难以完全了解。通过阅读相关的图书，比如环境的、生态的、地理与资源的、历史的、政治的、文化的图书，我们可以更好地理解在漫长的历史长河中和广袤的地理空间上，人、自然和社会之间的关系，从而更好地在地球上生活。

为非虚构写作打下基础

非虚构写作可以理解为非小说类的写作，写作的内容是基于真实信息的。世界上众多国家的写作要求中，非虚构写作部分都占据不小的比重，因为这是儿童探索和发现世界奥秘、沟通和交流信息的有效途径。

日本小学教材（光村版）中的写作内容就包括说明文、报告、提案、感谢信、建议书等。据研究生郭哲的硕士论文统计，日本中学语文教材（光村版）的40篇写作练习中，文学类仅9篇，而以报告、说明、调查为主的非虚构类写作练习占了总写作练习的77.5%。

法国小学高年级的写作任务，除了诗歌、故事和改写虚构故事之外，还包括撰写调查表、实验报告、游览报告、文章概要等。最令人惊叹的非虚构写作要求应该是法国高考，其抽象性和思辨性要求极高。比如2019年文科可选的题目包括：①我们有可能逃脱时间吗？②对一件艺术品的解读有什么价值？③对德国思想家、哲学家黑格尔的著作

《法哲学原理》的一段节选进行思考并做出解读。作为一名高中考生，首先需要理解时间、逃脱、艺术品、解读等概念，并对题目所讨论问题有基本的了解和思考，写作过程也要具有严密的逻辑性。

我们会在后面专门讲解各国语言考试中的非虚构写作内容。

另外，大部分人在工作中遇到的写作，也都属于非虚构写作。比如项目申请、工作计划与总结、实验与分析报告、广告与推广、商业信函、倡议书等。阅读非虚构类读物，可以帮助儿童熟悉非虚构写作的模式，从而发展出良好的非虚构写作能力。

有学者认为，低幼儿童阅读非虚构类图画书，能够为他们在未来学习各个领域的知识打下基础。在阅读了大量的非虚构类图画书后，他们也能像成人那样创作这类图画书。

国内外的非虚构阅读概况

低幼儿童与非虚构类图书

从世界范围来看，低幼儿童接触到非虚构类读物的机会都很少。加拿大研究者帕特丽夏（Patricia）[9]研究发现，低幼儿童非常喜欢阅读适合他们年龄的非虚构类读物，并能从中受益，获取知识。但是这类读物并不丰富，市面上广为流传的大多数都是虚构类的图画书和故事书。美国研究者杜克（Duke）[10]调查了美国不同社会经济地位的地区中的20个一年级班级，她发现班级图书角的图书中只有9.8%为非虚构类图书。

此外，她对这些班级进行了长达79天的观察。结果发现，在社会经济地位较高的地区，学生每天的282分钟里平均只有3.6分钟用于非虚构阅读，而在社会经济地位更低的地区，学生用于非虚构阅读的时间平均为1.4分钟。雅各（Jacob）、莫里森（Morrison）和斯温亚德（Swinyard）[11]对全美国范围内从幼儿园到6年级的教师进行了调查。结果发现，在被调查的所有年级中，只有极少数的教师会引导儿童阅读科学知识类的图画书。帕特丽夏（Patricia）[12]调查了加拿大中等收入家庭居住区内为幼儿提供图书的公共场所，包括商店、日托中心、幼儿园、校外托儿所、教室和图书馆等。她发现，为4~8岁儿童提供的图书中，高达86%是虚构类图书，而只有14%是非虚构类图书。

小学生与非虚构阅读

在一些发达国家中，小学教材中非虚构类文章的比例还是很高的。美国麦克米伦（Macmillan）公司出版的小学语言教材Treasure系列中，四、五年级的非虚构类文章占40%。美国小学教材之一加州语文（California Treasures）中，非虚构类文章占比高达51.86%。

考虑到非虚构阅读的重要性，美国教育部2015年发布的"美国教育进步评价之阅读框架"（NAEP's Reading Framework）规定，1年级学生的非虚构阅读要占总阅读量的10%，到4年级时至少要达到50%，8年级时占55%，12年级时达到70%。当然这一新标准的提出也使得美国的中小学教师面临新的挑战。中国旅美学者薛涌曾经撰文指出，面对如此大量的非虚构阅读任务，连教师也不知道如何处理。当然这里的70%不只是语言课程中的阅读，还包括各个学科课程中的

第一章 我们为什么需要非虚构阅读？

阅读。

研究生吴晶的论文统计了日本小学语文教科书中的课文类型，以说明文、应用文、记叙文和童话为主。日本1年级小学教材（光村版）中，每册说明文的单元数占总单元数的30%左右。

西南大学文学院教授魏小娜发现，英格兰小学1年级课程的阅读标准中明确要求"通过听、讨论非虚构类作品，发展阅读兴趣、阅读动机和掌握词汇"。

除了语文外，其他学科的学习也应该重视非虚构阅读。美国的小学科学课本中，每一单元都有很多相关的阅读材料和科普书推荐。另外，各个学科的科学写作任务中还安排了一定量的科学类图书读后感。这些不同角度和形式的阅读材料推荐，扩展了学生的知识背景，不仅对学生掌握科学概念、进行科学写作有帮助，而且还有助于学生在各学科内的不断深入探索。上海师范大学邓建的硕士论文中曾对154名上海市初中学生进行了问卷调查，发现只有11%的学生认真阅读过数学课本中相关的阅读材料。

2011年，国际阅读素养进展研究项目（PIRLS）的测评报告显示，参与测评的国家中，进行"跨学科阅读教学"的课时数已经占到总教学课时数的16%。

美国纽约市政府对于学校图书馆里虚构类和非虚构类读物数量的规定比例为3∶7。日本国际儿童图书馆研发了一个图书包，向全国学校图书馆提供这个图书包的借阅服务。借阅包内含50册童书,知识类、传说类、创作绘本和小说类、外文书类的数量比例为6∶1∶1∶2。

我国的非虚构阅读现状

目前,我国对非虚构阅读的重视程度还很不足。开卷数据显示,从2010年到2019年,少儿科普百科类图书在少儿总体图书市场的比重一直在20%以下;2020年到2022年三年,逐步提升到26.77%。在参与深圳爱阅公益基金会研制《爱阅小学图书馆基本配备书目》的工作时,我将包含自然科学和人文科学在内的非虚构类图书的占比提升到了37%,已经是现有各类书单中非虚构类占比较高的了。我在进行相关的资料收集过程中发现,关于儿童非虚构阅读的相关统计数据、阅读研究分析、实践案例都非常少。

从开卷数据中非虚构类图书占比低、小学馆配书目中非虚构类资料占比低以及相关研究少等现象,我们可以看出,非虚构阅读目前还没有引起大家的足够重视。鉴于我们前面提到的非虚构阅读在成长为专家、提供问题解决方案、获得科学研究方法、建立科学的世界观等方面所具有的重大价值,非虚构阅读应该引起我们足够的重视。

非虚构阅读与各类考试

在各国的语言考试中,非虚构阅读的考查比重也很高。我国高考语文阅读中，非虚构类文章占比达到了 60%。美国的两大高中毕业考试 SAT（Scholastic Assessment Test）和 ACT（American College Test）中，非虚构类文章的比例都很高。SAT 的阅读理解部分为五篇独立文章和两组对比文章，内容涉及文学小说、自然科学、社会科学及政治历史。ACT 的阅读理解部分是四篇文章，分别为小说、社会科学、人文和自然科学。美国针对英语非母语人员的托福考试中，阅读部分包含的四篇材料，涉及的非虚构类主题包括天文学、地质学、动物学、植物学、生态系统、艺术（包括绘画、雕塑、建筑、戏剧、电影、摄影）、历史与考古学、贸易与经济分析、农业发展、国际政治分析等。英国针对英语非母语人员的雅思考试中，阅读也是以非虚构类为主，总计三篇文章，主要来源于报刊、书籍等学术性的非虚构类读物，以及一些涉及通知、广告、大学课程介绍、图书馆使用指南的生活实用类材料，文章中会提供简单的技术术语词汇表。

非虚构写作对于非虚构阅读、思考和交流都很重要。我们仅谈到阅读中的非虚构部分还是不够的，让我们再看一下国外对非虚构写作的要求。

前文提到了日本与法国小学的写作内容。美国 NAEP 则把写作目标定为"交流"，具体划分为三类：为了劝说、为了解释说明和为了传递经验。美国学生的写作内容涵盖日志、书信、建议、报告、广告词、用法说明等非虚构类体裁，当然也有科幻故事、小说、剧本等虚构类体裁。同时美国的科学课中，写作的作业量也非常大。从1年级开始，就有记录观察到的信息等要求，目的是通过交流分享有关科学的信息，包括观察与描述、对比记录、解释现象等。比如，描写在共同的环境中两种共生物的数量及其相互影响的案例，记叙一次你去自然保护地的经历，包括你所观察到的事物。5年级就要写简短的报告，比如解释阳光是怎样支持你的生命的，要求报告开头能立即吸引读者，清楚地告知读者写作的目的，引入你的主要想法，用事实展开论述，用支持性细节和准确的动词、名词、形容词来描述和解释主题，用图书或者网上的信息作为信息来源，并在报告的最后进行总结。

在雅思考试中，写作包括两部分，都要求尽可能使用学术写作的文体。第一部分类似说明文，根据所提供的材料（比如图形或者表格），用自己的语言来描述、总结或解释这些信息。第二部分类似议论文，思考题目所给出的观点、争论或者问题，做出判断，进行回应。

美国SAT考试中的写作，则要求考生对给定的文章进行分析和评价。文章都是议论文，题材涵盖社会、政治、文学、艺术、科学等各个方面，但并非是理论性很强的专业论文，没有专业学术背景的人也能读懂。写作时要求考生能辨别文章中的语言和修辞、论点和论据，理清文章的论证过程；再进行深入分析，找到材料中的逻辑漏洞；最后写成一篇逻辑严谨、结构清晰的分析性评价文章。其中有很多具体要求：一是要阅读原文，对原文有全面理解；二是对文本的中心思想和最重要细节及其相互关系有准确理解；三是分析时要巧妙运用文本证据，要从作者使用的论据、逻辑、修辞三方面深刻分析原文、深刻理解分析任务。比如，最近的一项写作任务是分析一篇关于"美国政府是否应该支持员工因家庭原因享受带薪假期"的文章。

非虚构写作非常重要，因为这是通过写作进行交流的方式。不仅仅科学家之间要通过非虚构写作了解彼此的研究成果和想法，而且非虚构写作也是科学家向大众进行科学普及的重要渠道之一。学生练习非虚构写作，需要将信息吸收整合后才能输出，不但需要对概念有清晰的理解，还需要对过程、因果关系有明确的掌握，这也是再次熟悉知识的过程。

被忽视的非虚构阅读

哲学上有两个概念：实然和应然。简单地说，实然是指事物、事件的现实状态，应然指的是应该的样子。对于非虚构阅读来说，我们前面讨论了其诸多价值，从应然的角度讲，我们应该很重视非虚构阅读。但是，我们也有必要思考一下，为什么我们过去不重视非虚构阅读。思考、探索事情发生的原因，即实然的方面，可以帮助我们更好地理解"为什么现在是这个样子"以及"如何改变这个状况"。对于"非虚构阅读"这件事，我们也要有"历史"意识，通过对过去非虚构阅读相关社会背景的了解，发展出对这件事的解释能力、分析能力。

那么，为什么过去我们不重视非虚构阅读呢？我认为可以从以下几个方面考虑。

长期重视经学的科举考试

历史上很长一段时期，我们最重要的人才选拔方式是科举考试。早期科举考试中还有技术类的内容，后来逐渐演变成八股文章。政府官员的主要职责是解决社会治理问题，在"考什么就学什么"的状态下，整个社会尊经崇儒，经、史相对发达，也重视文学，但并不重视对科学和技术的研究，所以科技发展缓慢，相关的阅读需求也有所欠缺。

近代科普读物的出版十分薄弱

非虚构类图书主要涉及自然科学类和社会科学类。我们国家虽有《天工开物》等图书出版，但是近代以来，相应的科普图书非常少。

大约在乾隆时期，法国出版了《狄德罗百科全书：科学、艺术、工艺详解词典》，其文字部分约21卷5040万字，图和图表3132幅[13]。而我国乾隆年间整理的《四库全书》虽然高达8亿字，但涉及科学技术的子部并不是很多。

我国第一批科普读物是清末传教士翻译的作品——1873年出版的《大英全科全书》中的《代数术》[14]，经过一段时间的发展，政府和私人出版机构陆续出版了不少翻译版科普读物。1904年，益智书会编写的《重学须知》、《力学须知》、《电学须知》、《代数备旨》等十几种图书被采用为教科书。同时，还有一些译自日本的《普通百科全书》。但这些图书的传播范围非常有限，只在知识分子阶层传播。[15]具有一定水准的原创的儿童百科类图书，是20世纪30年代董纯才撰写的《苍蝇与瘟疫》、《螳螂生活观察》、《蚯蚓》等。

最近几年，大量引进版童书出版，科普类童书也逐渐丰富起来，涉及的学科、主题越来越全面。

儿童认知能力一直被轻视

另外一个很重要的原因是，人们对于儿童的认知能力了解不足，认为没有必要给儿童读书，更没有必要给儿童读知识性图书，因为人们觉得非虚构读物对于儿童来说难度太大。这一错误认知可以通过调查数据证实。冷杰[16]在硕士论文中调查了幼儿园知识性绘本的使用情况，结果发现，80%的幼儿教师认为知识性绘本对于幼儿来说太难了，因此很少在教学中使用知识性绘本。

其实从出生那一刻起，婴儿就在不停地接收外部世界的信息，探索世界。甚至应该说在胎儿后期，他们就开始接收外界的声音等信息了。随着婴儿对外界信息的接收、分析、处理，他们会发展出对世界的理解和思考。

莱斯利（Leslie）[17]让婴儿观察一个小球滚出去，碰到另一个小球，第二个小球滚起来。然后再让他们观察一个小球滚出去，没有碰到另一个小球，但是第二个小球也滚起来。6个月的婴儿对第二个情景会表现出惊奇。这个实验说明，6个月的婴儿已经能够建立朴素的因果关系。同样，儿童可以通过情景线索理解听到的陌生词语的意思。美国加州大学教授纳梅拉·阿赫特（Nameera Akhter）做了一个实验。她先让2岁的幼儿和两个成人玩三个幼儿并不熟悉也没有名字的玩具。玩了一会儿后，她让第一个成人离开房间，同时将第四个幼儿也不熟悉的玩具放入房间。接着，她让离开的第一个成人返回房间，并且说："哎呀，我看见一个噶扎，一个噶扎。"当问幼儿哪个是"噶扎"的时候，参与实验的大多数幼儿都能指出是第四个。尽管在第四个玩具放进来的时候没有人告诉幼儿它叫"噶扎"，但是他们却能从成人回来时惊讶的表情中推理出新放进来的那个玩具就是"噶扎"。

众多的研究成果证明，儿童对于外界的信息、人类的情绪都能感知、记忆和掌握，只是由于缺少测量的方法，或者我们没有意识到他们有知识，因而也就无法发现他们有学习能力。事实上，儿童善于观察和接收环境中的各类信息，也拥有无尽的探索未知事物的好奇心和欲望。

儿童对于自己感兴趣的主题，有能力进行深入的阅读和学习。我也遇到过极为喜欢经济学的儿童，3年级就读完了《小狗钱钱》、《牛奶可乐经济学》，还在学校和小区销售玩具，并且掌握了"扫街"的方法。也有很多儿童在建筑学、医学等领域深入钻研。在这样的情况下，我们还会觉得不应该给他们看非虚构类读物吗？

关于儿童的认知能力，我们可以看一下法国教育部对幼儿园教育中数学和科学部分的培养大纲，这其中较为清晰地设定了对儿童认知能力的培养目标。

法国教育部制订的幼儿园大纲中关于认知能力的内容

1. 探索数学

A. 发现数字和它们的用途，目标是用数字表达数量；熟知一到十；用数字表达等级、位置；会说和写数字。对儿童的具体要求包括：使用数字来判断和比较不同组物品；完成一组以某个基数为基准的数列；比较两组数量；用数字来表示一个物品或人在游戏中的位置、比较位置，表示等级；10以内数的组合；用符号来表示数量；研究数字；明白基数不会因为物品的位置改变而改变；明白在某个数字基础上增加一个数字，可以得到另一个数字；口头说出30以内的数字。

B. 探索形状、大小、数列。对儿童的具体要求包括：按照物品的形状分类（圆形、正方形、三角形等）；分辨立体物品（方块、三角锥等）；按照物品的大小、长度来分类；组合平面或立体模型；画二维形状图案；掌握运算规则，并会运用。

2. 探索时间和空间所组成的世界

A. 在时间和空间中定位，目标是建立最初的时间概念；开始建立社交；强化时间概念；对限时敏感。对儿童的具体要求包括：将体验过的事情以先后顺序排在一天、一星期、一个月中；将图画按照时间顺序排列；在叙述事情时使用时间标记（现在、之前、之后、正在）；以自己或某物品为中心来定位另一个物品；按照标记或其他人来定位自己；在熟知的环境里完成一个象征性的路线（绘画、编码）；完成二维图案；按照指示使用纸笔完成某项计划；使用位置标记（前、后、左、右、上、下）来叙述、描述、解释某件事。

B. 探索生命、物体、工具的世界，目标是发现生命的世界；探索物质；使用、制造、操作工具；使用电子设备。对儿童的具体要求包括：通过直接观察或图片辨认动物和植物的主要成长阶段；知道某些动物和植物的基本需求；知道人类身体部位的名字和位置；知道一些身体卫生规则，培养健康的生活习惯；选择、使用合适的工具来完成特定的技术动作（折纸、剪贴、聚集等）；完成建造活动，按照说明书拼接模型；使用电子设备（相机、平板、计算机等）。

从法国的幼儿园大纲中，我们可以看到法国教育部对幼儿在数学、时间、空间、物质、基本图形方面，都有掌握基本概念、发现相关规律等探索和学习要求，这也从侧面证实了幼儿是有多方面的认知能力的。

另外，儿童泛灵论也在一定程度上误导了人们。这一理论认为，学龄前的儿童会把所有事物都看作是有生命的、活的。在这样的情况下，成年人认为我们自然无法向儿童讲解或者传授客观、真实的自然知识，即使讲了，儿童也会分不清，也就没有必要给他们阅读非虚构类读物。

但是，米德（Mead）认为，儿童泛灵论可能是文化因素导致的。[18]也就是说，儿童出生以后在生活中接触到或者被成人灌输了"万事万物都会说话、都有生命"的概念，他们才觉得"万事万物都有生命"。只有成人教幼儿"兔子告诉乌龟"，幼儿才会认为"小兔子会说话"。事实上，7个月的婴儿看到两个真人前后没有相互接触而移动时并不觉得奇怪，但看到像人一样的两个没有生命的物体没有相互接触却移动了，就觉得非常奇怪，也就是说，7个月的婴儿已经能够将生物与非生物区别开来。由此可见，儿童泛灵论没有科学依据，也不是普遍存在的，而是某些文化作用下的结果。

由以上分析可见，之前我们没有重视非虚构阅读，不是因为非虚构阅读不重要，而是科技不发达、非虚构类读物少、认知上觉得儿童不需要也读不懂等诸多外在原因。

非虚构阅读与科学素养培养

什么是科学素养（Scientific Literacy）？国际上普遍将科学素养分为三个组成部分，即了解科学知识、了解科学的研究过程和方法、了解科学技术对社会和个人所产生的影响。经济合作与发展组织（OECD）认为，科学素养是运用科学知识、确定问题和做出具有证据的结论，对自然世界进行理解，以便做出决定，通过人类活动改变自然世界的能力。

科学素养很重要吗？公众的科学素养水平关乎着国家的综合国力。公民个人的科学素养不但影响个人生活质量，也会影响各项有关科学技术的决策，比如国家是否建设超级对撞机、是否建设核电站，都涉及公众决策。中国科学技术协会2020年发布的第11次中国公民科学素养调查结果显示，2020年中国具备基本科学素养的公民比例为10.56%，也就是近90%的中国公民不具备基本科学素养。这个数据相当于日本、加拿大、欧盟等主要发达国家和地区20世纪80年代末、90年代初的水平。我国公民的科学素养总体上偏低，对科学研究过程和方法的理解水平较低，科学精神比较欠缺。这方面，我们还有很长的路要走。

提高科学素养需要通过各种渠道和形式。其中之一就是在校学习与教育，另外还可以通过业余时间的阅读来获取知识。中国科普研究所的任磊、张超和何薇比较了中美两国的科学素养影响模型后发现，教育在中美两国科学素养发展中的重要程度显著不同：中国公民通过教育提高科学素养的比重为0.56，小于美国的0.69；美国大学科学课程的数量是对公民科学素养影响最大的变量，总效应更是高达0.74。

造成这一区别的原因主要是：①美国从小重视非虚构阅读。②中国高中阶段的课程文理分科，造成文科生过早放弃科学学习，相对而言理科生的科学素养水平较高。③即使是理科生，大学阶段也主要进行专业课程的学习，缺乏接受通识教育的机会。而美国大学规定学生选修课必须跨类别选择，通过这种方式保证学生具备更全面的知识体系。

美国大学生学过一至三门科学课程的，对于科学素养的直接影响最高。因为不同学科的知识组织方式和相关理论是不同的，比如，数学要抽象出相关事物间的数量关系，历史学讲求信息的事实性，法律在面对具体案件时可能会遵循先前的判例。

所以，强化科学教育、强化非虚构阅读、强化跨学科学习，对于提高公民的科学素养具有决定性作用。

教育对于科学素养的提升极其重要。从国家和教育部的相关政策中，我们可以看到对非虚构阅读的重视。

从2001年开始，我国的课程标准便以科学素养为核心。高考选拔机制中，对人才综合能力的要求不断提高，不仅关注基本知识的掌握，而且越来越注重考查学生的逻辑思辨能力、创新思维能力，以及结合社会现实解决问题的能力。比如前几年高考中关于飞机中弹情况的分析，"人工智能""医学伦理""大数据"等内容也都出现在各地高考试卷中，就是很好的例证。把知识、策略、价值观融合，把科学、技术和社会纳入系统思考，将是未来高考选拔的发展趋向。广东省佛山市已经率先在小学期末考试中加入了科学素养的测评，旨在提高学生的科学素养、培育科学精神和创新能力。

《教育部关于加强和改进中小学实验教学的意见》中提到，2023年前要将实验操作纳入初中学业水平考试，考试成绩纳入高中阶段学生招生录取依据。国家如此重视科学实验，实际上是对科学方法的重视。仅仅获得或者记住知识是不够的，掌握科学方法才是继续探索未知的重要手段。这里的实验不单单是物理、化学实验室里的动手操作，还包括"观察、观测、模拟、体验、设计、编程、制作、加工、饲养、种植、参观、调查"等，其中涉及的实验设计、执行、数据分析和反思等，已经在一定程度上属于科学探索了。另外，很多实验类图书包含各学科的综合应用，能够培育学生的观察能力、动手实践能力、创造性思维能力和团队合作能力，同时也能培育学生的兴趣爱好、创新精神、科学素养和意志品质。

非虚构阅读是获得科学方法和技能的重要渠道。其一，对各类非虚构读物的阅读，不仅能让孩子接触到丰富多样的信息和科学事实，也可以让孩子看到科学方法和策略的实际应用。其二，关于技术和社会的内容，非虚构类读物中极为丰富。比如：《少年时》的各个主题涵盖了从科学规律、学科发展历史、最新科研前沿、相关小实验等丰富的知识体系；《火星零距离》除了对火星探索技术的研究报道之外，还记录了国际间的合作和竞争，有助于读者了解技术运作体系。其三，对于科学实验和科学探索的部分，非虚构类读物中都有非常丰富的相关图书，可以帮助儿童从小观察、思考和验证某些猜想。

2023年5月29日，教育部等十八个部门联合印发《关于加强新时代中小学科学教育工作的意见》中，强调科学教育要重在实践，激发学生的好奇心、想象力和探求欲，引导学生自觉获取科学知识、培养科学精神，提升科学素养。要按照课程标准，开展实验和探究实践活动，落实跨学科主题学习，而阅读非虚构类读物是进行科学学习的重要途径。

亨贝托·马图拉纳
(Humberto Maturana)

绝对现实的表述是不可能的。

第二章 非虚构类读物

非虚构类读物是什么？
非虚构类读物涉及哪些知识领域？
非虚构类读物包含哪些类型？
概念认知类
事物原理类
启发思维类
动手实验类
领域发展史类
人物传记类
职业与组织结构类
逻辑类
其他

非虚构类读物是什么？

非虚构类读物，通常被定义为"基于真实事物和信息的作品，作者认为它们是客观的"。帕帕斯（Pappas）[19]将非虚构类读物定义为关于某一主题的读物，比如关于植物的图书、关于钱的图书、关于文字的图书等。科普作家盖尔（Gail）将非虚构类读物定义为以传递和表现自然世界和社会世界的知识为目的、并且用特别的文本来实现这一目的的作品。总之，非虚构类读物的内容总体上被认为是关于事实的描述或者是接近真实的信息。

非虚构类读物，也叫作知识类读物、科普读物或者信息类读物，包括科普图书、观察日记、说明书、科学研究报告、论文、新闻报道、传记、图片、信息图表、旅行指南、设计图纸、技术文件等。涉及的领域可以从自然科学扩展至地理经济研究、历史研究、社会观察与研究、战争、政治与制度、宗教、哲学、艺术评论等，几乎囊括了现实生活中全部的研究领域。

我国最早的图书目录分类著作《七略》，将西汉当时的宫廷藏书分为六艺略、诸子略、兵书略、数术略、方技略、诗赋略、辑略七类。其中除诗赋略、辑略外，皆属于非虚构范畴。清朝的《四库全书》将所有图书划分为经、史、子、集四大类，虽然有些图书的分类归属不完全符合现代的分类标准，但是虚构文学类的诗、辞、赋、词曲都被放在"集"的部分。

虚构类和非虚构类读物所含内容有时候会有混合。有的虚构类读物包含科学知识，有的非虚构类读物包含未经证明的猜测、推理和想象元素。比如《小兔子的月球之旅》、"可怕的科学"系列、《物理世界奇遇记》等，就是专为讲解知识而编写的虚构故事。

此外，非虚构类读物还可以划分为连续性文本和非连续性文本。连续性文本就是以句子和段落组成的连续内容，最常见的就是图书、杂志、文章、日记等。非连续性文本就是相对于连续性文本而言的阅读材料，由逻辑、语感不严密的段落构成的阅读文本，一般包括图表、图解文字、目录、说明书、广告、地图、索引等。非连续性文本在结构和语言方面不具有完整的故事性，但它比讲一个连贯事件的叙事性文本更能够直观地表达作者想传递的基本信息，具有概括性强、醒目、简洁等特点，相关的阅读策略，我们将在本书最后做简要介绍。

非虚构类读物涉及哪些知识领域？

为什么要罗列非虚构类读物的知识领域分类？前面我们讲过，相对深入地了解2~3门专业领域的知识，对于提升人的科学素养是有益的。通常我们在生活中能接触到和获取到的信息比较有限，也许有很多我们可能感兴趣的领域被错过了，所以在这里简述一下非虚构类读物涉及的知识领域，帮大家扩展对于世界的认识、留意各种学科的信息，以便在为儿童选择或者提供读物的时候，做到更全面以及更适合不同阶段儿童的兴趣和发展需要。另外，我也想强调一些我们以前不太重视的学科和有所欠缺的领域，希望引起大家的重视。

从内容上看，非虚构类读物涉及的领域对应的是"知识"的划分，可以分为自然科学类和人文科学类，细分的话，还可以分为五大类：研究抽象概念的形式科学，比如数学、逻辑；研究自然现象和规律的自然科学，如物理、化学；研究人与社会的社会科学，如经济学、人类学、心理学等；运用自然科学研究或结果解决实际问题的应用科学，比如医学。

自然科学的发展，让人类认识客观物质世界的规律，发展技术，利用自然能源改善了生存质量，提升了衣食住行等方面的生活品质，并有机会探索更广阔的宇宙。所以，学习自然科学非常重要。

但是，人的幸福感、生活品质，不单单由拥有的财物多少等外部物质世界决定，还受社会结构、心理、文化等一系列因素影响。哲学、心理学、伦理学、人类学、历史学、政治学等读物更关注人、社会、历史、文化、文明、组织结构的相关知识，也应该受到更多重视，这样我们才能更好地理解人类社会的运行，引领人类社会的发展。比如，当下关于技术与人、技术与社会等问题，需要遵循相关领域的专业知识才能进行严谨的思考与分析。每个领域的知识组织形式并不相同，所以，自然学科的学习不能替代人文学科的学习。

有的国家将小学阶段非虚构类读物的内容划分为技术、地球生命科学、历史地理、艺术、社会，也有的国家将自然科学划分为物质科学、生命科学、地球与空间科学、工程与技术、社会与艺术。

最近十几年，市场上每年出版的优质童书高达数千种，已出版的非虚构类童书类型丰富，几乎可以涵盖各个年龄段儿童的各种不同的兴趣需求。

非虚构类读物包含哪些类型？

在很多专业领域，相关知识从内容上都可以划分为以下几个大类：概念认知类；事物原理类；启发思维类；动手实验类；领域发展史类；人物传记类；职业与组织结构类；逻辑类。当然它们并不是绝对分开的，而是相互融合、相互关联的。

概念认知类

概念就是把我们知道的事物进行简化归纳后得出的信息。概念是思维的基础材料，因此掌握概念非常重要。我们是怎么学会概念的呢？一是通过直接接触事物学会概念，比如看到西瓜认识西瓜；二是通过接触代表这些事物的符号来学习概念，比如看到画了西瓜图片的书。概念认知就是讲述"什么是什么"。低幼儿童理解和认识世界，首先是从身边的真实事物开始的。学习新的词语和概念最基础的图书就是认知类的图画书，比如水果、色彩、形状、数字、动物的名字等。对于低幼儿童来说，一些故事类的图画书也有学习日常概念的作用，比如爸爸、妈妈、桌子、猫、小树、花等。我们将在后文具体讲述实验人员如何检验掌握概念对于推理思维的重要意义。

在儿童具备基础的概念、具有一定的类属知识之后，随着他们生活范围的扩展，接触到的世界范围更大，关于动植物习性特征的、关于自己身体的、关于交通工具的、关于社会生活以及健康与安全主题等百科类的图书就可以提供给他们了。

比如墙书《地球通史》和《时间线》等，这些图书重点展示了信息和事实。了解一些基本的概念、事实和信息，是儿童认识世界的开始，是了解一个领域的基础，也是进行深入思考和探索所必需的。比如《动物颜色》《我们的一天》，也都聚焦于概念和信息的讲解。

事物原理类

每个儿童都会经历"十万个为什么"的阶段，不停地提出各种问题。这时候，那些可以解释原因、原理、过程的图书就可以大显身手，比如《为什么会有白天和黑夜》《恐龙是怎么来到博物馆的》《十万个为什么》。通过这类图书，儿童可以了解身边事物的简单原理。随着知识积累的丰富，儿童的问题可能更深入、更抽象，比如物理世界的运转、化学的奥秘等。这些问题都有相关的图书予以解释。当然，这类图书和上文的概念认知类图书也会有所交叉，不能完全割裂开。

这里有个问题需要注意，在怎么看待自然万物上，不同的图书有两种不同的观点。一种是以人类为中心的，觉得世界是围绕人类运转的；另一种仅仅把人类作为自然世界中的一部分。有实验发现，如果儿童阅读了第一种图书，可以培养对动物和自然的亲近感，但是容易导致看待自然万物的时候，完全以人类的角度出发思考问题，而忽略自然本身的客观规律。所以，在选择这些读物的时候，我们应该注意兼顾。

启发思维类

信息加工理论认为，信息和知识是人类思维活动的基础。但是仅仅积累信息是不够的，因为我们不只需要掌握已有的知识，还需要用已有的知识去解决现在还没有答案的问题，以及提出新的问题、探索未知的领域，而思考和提出问题，也需要模仿、学习和练习。

本书开头指出，儿童已经能够提出很多有趣、有价值的问题，这里为什么又说提出问题需要模仿、学习和练习呢？因为儿童在成长的过程中提出问题的能力有所分化，一部分保留了这个能力，一部分忙于"回答问题"而没有时间提问，或者失去了提问的主动意识，还有一部分被父母阻挠打压，"哪有那么多问题""别捣乱""烦不烦"，逐渐失去了提问的习惯。

因此，儿童需要一些启发思维类的图书。比如《令孩子惊奇的72个科学异想》中有这样的问题：如果有一天地球停止转动，你会觉得心脏好像要从嘴里飞出去，所有的东西都会以飞快的速度飞向东边吗？如果有一天下起暴雨来，你需要一把什么样的伞呢？如果地球是方的会怎样？……这样的问题会促使儿童去想象结果。如果在阅读的时候，父母能够举一反三，再提更多的问题，也会启发他们提出类似的新问题。我们在学校时很容易学习到怎么回答问题、怎么找到答案，但是要想有新的发现和创新，提出一个有价值的问题更为重要。

动手实验类

在科学素养中，质疑、求证的精神非常重要。我们学过的知识大都是前人提出来的，它们是不是一定正确？有没有存在缺陷的地方、不完善的地方呢？如果条件改变了，结果会怎样？事实上，很多以前被认为准确无疑的知识，随着科学的发展被证明是不完美的。比如宇宙形态，就从地心说、日心说一直发展到星系。所以，亲手做一做实验、调查一下非常重要。在阅读过程中发现问题，提出可能的猜测，进行实验和调查，然后讨论结果，并且继续进行下一轮的改进。

另外，在做实验和调查的过程中，儿童还可以培养动手操作的能力、解决问题的能力,了解实验的过程和难度。因为"知道了"和"能做出来"之间还隔着好几道"沟"。事实上,很多实验可能得不出书中的结果,因为很多控制条件要求非常高,执行的过程会有很多挫折,所以体验这个过程也会为儿童将来自己探索真相、解决问题打下基础。在实际生活中,运用科学原理进行的实验还包括艺术的观察与实践、心理的实验、商业运行的观察等。

领域发展史类

我小时候经历过的历史课真是乏善可陈,主要的内容是关于政治和国家的历史,包括朝代变换、疆域变迁、执政者更替等。学习历史通常要做的是记忆历史细节,因此很难引发我的兴趣,当然也就很难产生更深入的思考。直到有一天,我读了一些有关文字的历史、阅读的历史、科学发展的历史、地图的历史,对我所做的儿童阅读研究很有帮助,我才感受到了解历史的价值和意义。

历史学的价值在哪里呢?加拿大安大略省的社会科学教育目标中对于历史意识的总结展示了其重要价值。他们要求学生将自我意识、时间意识和空间意识三个维度进行结合,让学生能够全面而立体地认识人和社会。在时间意识方面,学生不只是简单地记忆历史事件,而是要通过对过去社会发展、事件发展的理解,培养解释、分析历史与现实问题的能力。

一些具体事物的发展历史，特别是生活中看得见、摸得着的东西，更容易感受到事物的发展和变化。而只有引发儿童的关注和兴趣，才会吸引他们投入更多的注意力。即使从身边一件微不足道的小事物的发展历史，我们也能逐渐树立一些基本观念：任何一个领域都是不断变化的；历史也会有重复；每一次变化都是在新旧事物之间的斗争中进行的；历史既有进步和走向光明的趋势，也充满误解、遮蔽与压制；历史的发展走向受很多因素的影响……这类图书对于我们形成正确的历史观和发展观非常有益。比如，《记事情》就解释了人类记录信息、发明符号的历史。

人物传记类

这类读物包括两部分内容。一部分是专门的个人传记类文本，可以让我们了解主人公的成长过程、经历过的挫折、获得的快乐、付出的艰辛等，从而被影响和感染。人类大脑中存在能够观察、模仿他人的社会行为的镜像神经元，因此可以通过观察和模仿这种很重要的学习方式来完善自我。传记类读物的形式也很丰富，有图画书、漫画、纯文字书等，例如《神奇的小草》、《火焰》、"伟大也要有人懂"系列等。传记类图画书可以让儿童简要了解主人公的重要特点和品质，长篇的、内容翔实的传记作品可以更科学、全面地反映主人公的各个侧面，甚至包括当时的社会背景和社会变迁，而不仅仅是"粗线条"地介绍主人公的成就。这样的作品能让读者更准确地了解事实，做出判断，而丰富的细节能更好地打动和影响读者。

还有一部分是在主体文本之外的补充知识说明，包括相关人物、事件、现象等的背景介绍、原理说明等。比如出现在课本或其他类别的非虚构类读物中的知识讲解，"谁提出了勾股定理""遗传学定律的研究过程""牛顿与莱布尼茨的微积分之争"等内容。

职业与组织结构类

儿童很早就会对职业产生一定的兴趣。当儿童不得不面对父母每天离开家的时候，他们就会接触到父母每天出门干什么，也就是父母的职业信息。职业类图书涉及多个行业的多种职位，除了有职业启蒙的作用外，还可以帮助儿童了解不同行业、不同岗位真实的工作过程、工作内容和工作环境，更好地了解社会，也许还能帮助儿童寻找和确定自己未来的职业目标。比如《我想当警察》等。

机构的组织与运作，也是儿童感兴趣的，比如机场的运作、博物馆的运作、体育比赛的组织、公司的建立等。抽象的专业知识，儿童一样感兴趣，比如《我们的一天》中关于各种职业的介绍。

除了单独的工作介绍，在科学读物中加入相关领域的职业和人物介绍，也能够起到扩展儿童未来职业选择的作用。比如上文《十万个为什么》中，数学分册就包含数学领域的人物介绍；讲解中国建筑的时候，介绍了建筑研究机构——营造学社。美国 McGraw-Hill 公司出版的《生物》(*Biology*) 中，就有"与生物学有关的职业""生物学杂志"这样的栏目。

逻辑类

在幼儿时期，儿童就已经发展出了朴素的逻辑能力，能够通过演绎和归纳解决很多问题。但是，想把一些抽象的理论用严谨的语言表达出来，或者用它思考某个领域中专业、抽象、复杂的问题，还需要一定的逻辑学知识。

比如，人们通常会把相关关系误认为是因果关系。3岁之前，儿童会说的话越来越多，长出来的牙齿也越来越多，长牙和会说的话之间有相关关系，但是并不能说明会说的话多是因为长牙多，它们之间不是因果关系，相关内容可以阅读《别拿相关当因果！》。统计学知识、逻辑学知识、哲学和心理学都有助于我们运用科学的方法判定事实、事物之间的关系。这类图书有《批判性思维》《简单逻辑学》等。

以上几类图书能够帮助儿童认识世界、了解事物背后的运作原理，启发他们的思维和探索，帮助他们掌握科学的研究方法，建立跨学科的知识体系和正确的世界观。

其他

非连续性文本（discontinuous text）。生活中还有一些非虚构类读物属于非连续性文本，也就是没有通过连续的语句表达内容，比如火车票、超市收费单、图书销售广告、数据统计表、菜谱等。

混合文本（mixed text）。由连续性文本和非连续性文本构成的作品可以称作混合文本。在非虚构类读物中，为了解释复杂的事物，混合文本出现的频率很高。比如《阅读的秘密》中，既有图画、图标等非连续性文本，也有一段一段的文字等连续性文本。

群文或多重文本（multiple text）中，非虚构文本由关于某个主题的几篇相对独立的文章构成，这些文章可以是连续性文本，也可以是非连续性文本，它们之间是互相独立的，甚至观点对立。比如从各个角度撰写的关于濒危物种保护的文章。我国的中高考阅读中便使用了类似的测试形式。美国的托福考试中口语写作就有这样固定的测试题目，通常是给考生一篇文章，同时也提供观点不同的口语材料，让考生用口语回答或者写一篇分析文章。

本章列举了非虚构类读物的分类，并不是要在这里讲解分类学，而是帮助大家在充分掌握信息的基础上，尽情选购儿童可能感兴趣、应该去阅读的读物，避免因为信息了解不充分而错过或者忽略优质的非虚构类读物。

而阅读非虚构类读物，则需要从多个侧面、多个阶段和分知识领域来进行，我们将在后文详述。

笛卡儿

最有价值的知识是关于方法的知识。

第三章 非虚构阅读策略体系

如何选择非虚构类读物?
与儿童已有的基本知识和概念相匹配
遵循从趣味科普到专业知识的路线
关注多个科学领域,兼顾文理
给予儿童充分的选择权

非虚构阅读的目标

非虚构阅读的策略
阅读策略与相关元素
阅读策略与教育目标
阅读策略与学习策略
阅读策略与阅读素养
阅读策略对低龄儿童的支持
知识、策略和动机
儿童非虚构阅读策略体系

非虚构阅读与虚构阅读有什么不同吗？为什么要单写一本非虚构阅读的书呢？原因之一，除了相同的阅读过程外，非虚构类读物相比虚构类读物确实有一些不同的地方，而且直指好奇心满足和知识获取，需要一些专门的阅读策略。另外一个原因是，非虚构类读物目前受重视的程度还远远不够，也许写这样一本专门讲非虚构阅读的书会引发大家对这一类书的关注。

马克·布里斯巴特（Marc Brysbaert）[20]对190项研究（18573名参与者）的分析发现，人们阅读非虚构类读物与虚构类读物的速度差别很大。大多数成年人默读英语非虚构类读物的速度在175~300字/分钟的范围，而阅读虚构类读物的速度是200~320字/分钟。阅读速度可以反映人们在阅读时的理解速度。

阅读的过程是读者通过识别文字符号获得意义的过程。大家对于虚构类读物的阅读可能已经非常熟悉了，比如小说、童话等。非虚构类读物和虚构类读物有很多的不同，主要是非虚构类读物中的专业词汇多；语言逻辑严密，有时句子长而且复杂；即使是没有插图的纯文字，也并不都像这一行字一样用的是线性表达，通常是含有图表、表格、图片等混合文本。因此，非虚构类读物有不同于虚构类读物的阅读策略。

另外，虽然我们在开头阐述了儿童对于世界的好奇，非虚构类读物对于儿童有很大的吸引力，但是相比于虚构类的童话、小说具有曲折、戏剧化的情节和相对少的抽象概念，非虚构阅读还是具有一定难度的，尤其当儿童进入更高年龄段时，阅读非虚构类读物的难度也更高。即使这样，考虑到非虚构阅读所具有的价值，我们还是应该努力提高儿童非虚构阅读的能力，更好地利用非虚构类读物。

教育或者说学习，是一门设计的科学。我们为了一定的目的，分步骤实施各种计划，最终达成目标。就像设计产品、种植庄稼一样，遵循一定的原理，配以合适的步骤和相关工具，来达成设定的目标。

从知识的分类、图书类型的分类，我们深切感受到，阅读非虚构类图书就是在掌握概念、学习知识、了解原理等——也就是在阅读中学习。

如何选择非虚构类读物？

我们先来看一个故事。

请认真读下面的拼音：

sxian zien ge yin

你猜出来了吗？有没有觉得刚才自己在脑海费劲搜索 sxian zien ge yin 是什么意思？是哪几个字？连起来是什么词？

这是我小时候姑姑指着墙上的字读出来教我念的。知道当时我是怎么想的吗？这件事对我的冲击太强烈了，所以至今难忘，现在放在这里作为阅读体验的研究案例。

"这是什么意思呢？这是什么意思呢？"当时，我琢磨了好久，一直不明白。

终于有一天，我想明白了（见图 3-1）。

图 3-1　sxian、zien 和 yin 在我头脑中的样子

那 sxian zien ge yin 应该就是"线和针搁在一个银碗里"（见图 3-2）。没错，就是这样。

图 3-2　sxian zien ge yin 在我头脑中的样子

可是线和针为什么要搁在银碗里呢？为什么不放在针线筐里呢？小时候的我又糊涂了，百思不得其解！

那么，当时我想得对吗？不对。

这个发音是姑姑指着一张糊墙纸上的字教我念的，而糊墙纸

（图 3-3）是我爸爸从他单位拿回来的一张大海报。

图 3-3 糊墙纸

原来，姑姑教我的四个大字 sxian zien ge yin 是"先进个人"，而非"线针搁银"（见图 3-4）。

图 3-4 正解与误解

让人啼笑皆非，对不对？作为一个还不识字、不知道"先进"是什么、"个人"是什么的小孩，我自行构建出符合自己头脑里所拥有的概念能解释的"意义"，就是"线和针搁在一个银碗里"。

可见，人们是利用自己大脑里原有的知识图式来对新知识、新概念进行理解和学习。比如上面的例子，大人觉得我教你"先进个人"了，你就知道了那是"表彰一些优秀个人"的名单，就像大人理解的"先进个人"一样。但是对于小孩来说，他根本不知道"先进"是什么意思、"个人"是什么意思，当然也就不会理解"先进个人"，而是以自己所知道的"线""针""搁""银"来逐一建立一个有具体意思的解释。如果大脑里没有理解新概念、新知识的基础知识，那么新知识便很难被准确理解。

注意，在这个"识字""理解"的过程中，人们也并不是按单个字单个字进行理解的，而是从句子整体上进行意义的推理和理解。虽然我上面写的是一个字一个字的推理过程，但事实上当时是一个交叉互动的过程，既寻找单个字 sxian、zien、ge、yin，也从整体上进行推敲。

好了，理解了上面的故事，就能明白在选择非虚构类读物时，我们应该遵循的基本原则。

与儿童已有的基本知识和概念相匹配

随着成长,儿童接触和认识到的世界从家庭到社区,再到幼儿园、学校,然后逐渐扩展到更大范围的城市或者村镇,直至更为广阔的国家和地球。当然,也包括从具体事物到抽象事物。为儿童选书的原则之一就是,儿童大部分能够理解。这时候阅读难度不大,儿童能够利用已有的知识构建意义,获得乐趣。同时也应保留一定的难度,让他们的能力和知识不断发展。一本书的阅读难度跟儿童先前积累的关于世界的知识多少有关,也跟内容的抽象程度、复杂程度、呈现方式有关,带有图片、语句简单、陌生词语少的书,阅读难度就低一些。那些对于儿童来说不能理解的词语、句子、篇章,并不能引发儿童的关注,更无法达到理解、领会内容,甚至影响思想和行为的目的。

遵循从趣味科普到专业知识的路线

对于年龄低幼的儿童来说,他们能理解的科学概念和事物还很少,需要慢慢积累,先重点掌握日常概念。一些讲解科学现象的图书,比如色彩、数量、日常物品的书,可以为孩子们解释日常的概念。等到他们拥有的概念和基础知识越来越多,可以接受一定数量的科学概念之后,我们就可以给他们提供一些相对科学和严谨的非虚构类读物。

但是每个领域的知识体系都很复杂。在进入这个领域的初始阅读阶段，可以先选择设计有趣、用日常生活概念来解释专业知识的图书，吸引儿童对内容产生兴趣；然后，逐渐过渡到内容更加翔实、带有一定数量的科学概念的科普图书；最后，到使用专业概念、知识陈述严谨的学科入门图书。比如数学，如果是幼儿，可以从数字图书、数学游戏图书入手，到隐含数学问题的数学故事图书，再到专业的数学问题图书。

当儿童还不能独立搜索和购买图书时，当儿童在生活中还不能很方便地接触到丰富的感兴趣的主题图书时，比如没有藏书丰富的社区图书馆、学校图书馆，父母和老师就要观察儿童的兴趣，及时搜集相关图书的信息，支持儿童在该领域内的发展。

关注多个科学领域，兼顾文理

每个领域的知识体系是有差异的，比如历史学和数学就存在巨大差异。具有通识素养的人，具备多领域的知识，以及自然科学和社会科学的知识背景。低幼儿童在很多方面都会有兴趣探索，我们应尽可能提供多样化的信息给他们。随着身边环境所能提供的信息的积累，他们可能会逐渐在某些领域投入更多时间和精力，此时可以协助他们保持对 2~3 个领域的关注。

举个例子，我有一个学计算机的同学，他的孩子很小就在家里摆弄那些在我们看来高深难懂的晶体管，同时，学生物的妈妈也带着孩子在实验室里做试验。当然这不是说孩子的兴趣一定会跟父母的经历有关，但是更多的接触机会增加了这种可能性。还记得 TED 演讲中那个在自己家后院进行小型核发电实验的少年吗？他小时候过生日想要驾驶挖掘机，爸爸居然真给他弄来了！

给予儿童充分的选择权

经常带儿童去图书馆或者书店，让他们自由翻阅、浏览和挑选可能感兴趣的图书，在阅读教学中也要给予儿童一定的选择权。众多教育和心理学的研究支持这样的观点：一定的选择权对学习是有益的。研究者发现，选择权可以提高儿童对学习的积极情感。允许儿童做出哪怕是一个微不足道的任务选择，都可以提高学习效率，增强后续的兴趣。同样对于阅读来说，儿童的自主选择也是一个积极因素，能激发他们的阅读动机。研究者发现，如果儿童能够选择他们喜欢的、关心的、与自己兴趣一致的图书，会增强自尊心和责任感，就可能爱上阅读，积极投入阅读之中，并喜欢和其他朋友分享自己的图书。

非虚构阅读的目标

儿童阅读非虚构类图书的目标是什么呢？如果要列举的话，这些目标包括：从书中获取信息，记住信息；应用这些信息得出客观的结论；应用这些信息推论出其他结论；将这些信息和结论应用到现实生活中，指导自己的工作或者学习；检验这些信息和结论的科学性；思考这些信息和结论存在的缺陷和需要完善的地方；持续积累对某些领域的知识；发展对某些领域的探索兴趣；提出领域内的问题并继续探索；了解和掌握探索世界的科学方法和过程；分享自己在某些领域的新发现；认识个人与他人、社会的关系；更好地认识自我和调整自我的行为；认识自然界与人类社会之间的相互影响；等等。

为了达到以上目标，在非虚构阅读过程中需要采取哪些策略呢？

非虚构阅读的策略

什么是策略？联合国教科文组织国际教育发展委员会编著的《学会生存——教育世界的今天和明天》中提到，策略的概念包括下面三个观点：①把各种要素组织成为一个融会贯通的整体；②预测到在事物发展过程中会出现的偶然事件；③具有面对这种偶然事件而加以控制的意志。语言研究专家查莫特（Chamot）[21]扩展了策略的内容，将行动也纳入其中。比如他将学习策略定义为"学习者理解、学习、识记信息所表现出来的特殊思维和行动"。奥克兰大学的罗德·埃利斯（Rod Ellis）教授认为，"策略不是静态的概念，而是一个以解决问题为目的的包含选择、分析、指定、执行、监控和评价等环节的动态过程"。

非虚构阅读的策略，应该是将非虚构阅读过程中的各个部分组合起来，面对各种不同的目标、要求、环境等所采取的思维、步骤，以及监控和调整过程，而且具有面对阅读过程中的偶然事件并能够加以调整的信念和意志。

阅读策略与相关元素

那么，非虚构类读物的阅读过程中都有哪些相关元素呢？

跟非虚构阅读相关的系统内的三大元素，主要是非虚构类读物、读者和陪读者。

非虚构类读物

我们前面已经展示了非虚构类读物的不同的分类，一种是按照知识领域横向划分的，另一种是按照从概念到方法纵向划分的。另外，非虚构类读物的类型也需要根据年龄段调整，所以我从低年龄到高年龄大致划分了一下非虚构类图书的类型：一般图画书、概念认知图画书、通过虚构故事传递非虚构信息的非虚构类图画书（类似《神奇校车》）、严谨的非虚构类图画书、包含虚构故事的非虚构类文字书、严谨的非虚构类文字书、非虚构类课程用书、学术论文。

不同的图书，在呈现内容、呈现方式上有所不同，针对不同年龄段的儿童和不同的阅读目标，阅读时需要采用的阅读策略也不同。

读者

本书在谈到非虚构阅读时，我们所谈论的读者是指0~18岁的儿童（依据联合国《儿童权利公约》中的年龄界定）。由于年龄不同，读者所具有的知识、能力也会有所不同，所以我们在进行分析的时候，把他们按照年龄段划分为不同的组：0~3岁幼儿期、4~6岁学龄前、7~9岁小学低段、10~12岁小学高段、13~15岁初中、16~18岁高中。当然这只是一个粗略的年龄段划分，并不是严格意义上的能力划分。因为儿童个体禀赋不同、所处环境和接触到的资源不同，相同年龄段的读者所具有的能力也会有所差别，所以这只是一个参考性的划分。

读者的阅读过程，实际上是一种心理活动、心理过程。从心理学角度讲，人的心理活动包括知、情、意三个方面。知是指认知，是人对客观事物的感觉、知觉；情是指人对客观事物是否符合自己的需要而产生的态度；意则是指人根据自己的主观愿望自觉地调节自己的行动去克服困难以实现目的的心理活动。尽管这些定义比较模糊，但是可以用来分析阅读过程中的策略。对于阅读内容的认知、阅读活动的情感和完成阅读的意志，都是我们制订阅读策略的重要考虑因素。

陪读者

虽然阅读过程主要是读者个人利用大脑中已有的图式、信息以及个人经验理解文本的过程，但是儿童在阅读的过程中，家长、老师如果能够在旁边协助，提出更有深度的引导性问题，可以帮助儿童更好地运用阅读策略，获取信息，对文本进行批判性思考，而不仅仅只是浅浅地了解表面内容。另外，当儿童还不识字的时候，需要大人读给他们听，在读的过程中也需要大人对他们进行有策略地提问、支持与反馈，所以，父母和教师是非虚构阅读策略体系中非常重要的环节。

阅读策略与教育目标

分析阅读策略时，我们还要做更具体的考虑，比如要针对不同的教育目标或者学习目标，采用不同的策略。美国知名教育家罗伯特·J. 马扎诺提出，人在学习过程动用了三个主要系统：自我系统，元认知系统和认知系统（见图 3-5）。

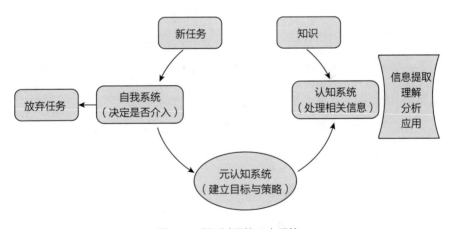

图 3-5　学习过程的三大系统

自我系统：包括自己对将要接触的知识的重要性的认识，自己能否完成任务的效能感，任务带来的情绪和综合各方面以后的整体动机。

面临新任务时，自我系统决定了是否继续这个新任务。

元认知系统：是对自己是否了解某一事物的认知，是对认知的认知以及认知过程的调节，主要包括设定目标和计划、监控目标的执行以及执行过程是否清晰和准确等。当决定接受新任务时，元认知系统发挥作用。

认知系统：具体的信息提取、理解、分析、应用，属于认知系统，负责具体的信息加工。其中，信息提取包括对信息的再认、再现，理解过程包括对知识的整合和符号化，分析涉及分类、概括、差错分析和说明，应用包括做出决定、解决问题、实验和调查等。

当面对一个新任务时，自我系统决定是否参与这一任务，元认知系统负责建立目标和采用相关策略，认知系统进行相关信息的处理与加工。非虚构类读物的阅读过程也遵循这一循环。当然，这一循环在介入新任务过程中是不断改进、更新的，中间会对任务重要性重新评估、目标及时调整等。

阅读策略与学习策略

本书所关注的阅读策略，不局限于某次阅读时的信息处理，还包括在阅读非虚构类读物基础上的相关学习过程、反复阅读与实践等。

什么是学习？研究者认为，学习首先是一种变化。心理学家鲍尔和希尔加德在其名著《学习论》（1981年）一书中指出，"学习是一个主体在某个规定情境中的重复经验引起的、对那个情境的行为或行为潜能的变化。不过这种变化是不能由主体的先天反应倾向、成熟或者暂时状态（如疲劳、酒醉、内驱力等）来解释的"。学习者在学习前后对某些问题的看法、初始观点、思维方式等发生了变化，并且这种变化不是由人的天生才能、随着年龄而自然成熟以及偶然出现的状况导致的，而是人在心理倾向、智力水平和能力上的变化，这种变化是可持续的、稳定的，不是忽上忽下随环境变化的。所以，真正的学习是蜕变，从来不是那么容易的。

与学习相关的理论包括：

（1）**讲授主义理论**

遵循行为主义理论，通过给学习者一定的刺激，比如提前确定好知识点、制订教学计划，就可以带来想要的教学结果，这是目前最为普遍的一种教与学模式，以知识为中心。但是这只是理想状态，实际上学习过程受多种因素的影响，比如，每个学习者先前具有的知识储备、参与动机的不同都会导致学习结果的差异。

（2）**建构主义理论**

学习是学习者根据自己的经验背景，对外部信息进行主动的选择、加工和处理，是一个主动构建的过程。这一理论与行为主义相比，重视学习者的个人因素和学习过程，重视学习者的主动性。以这一理论为基础，发展出了以学习者为中心、鹰架支持等学习策略。

（3）信息加工理论

信息加工理论把人类的大脑比作一个黑盒子，因为无法实际观测到大脑的运行，所以将这个过程简化为信息的输入、加工过程。信息加工理论把学习过程分为三个阶段：注意刺激，刺激编码，信息的存储与提取。记忆理论、短时记忆、长时间记忆、认知过程中的工作记忆容量、组块理论等概念让我们更好地理解了人类的思维过程。信息加工理论确实能够模拟人类的一部分认知过程，但是它的不完善之处也显而易见。

（4）社会化学习理论

这一理论认为，学习是在社会交互过程中进行的，学生离不开他们所在的群体、社区和社会，并且受到文化价值观的影响。人的发展与家长、老师、伙伴、自然环境、社会人文环境等因素存在着相互作用，学习过程就存于这些互动过程中（见图3-6）。

图3-6 儿童成长环境

按照这一理论，学习是通过互动、协作发生的。在这个系统中，读物种类的丰富和内容的科学合理，会影响儿童阅读能力的发展。家人、老师的协助是儿童发展非虚构阅读能力的重要支持力量。当然，伙伴之间的学习交流对于阅读能力的提升也有促进作用。儿童所处的自然环境和社会环境，不仅是他们掌握有关知识和信息的重要来源，也是影响他们阅读行为和动机的重要因素。比如，在农村等自然环境中长大的儿童，对于动物与人的关系就更倾向于客观的生态观点，而是否重视和宣传非虚构阅读等人文观点也是重要的影响因素，这些都会包含在我们的非虚构阅读策略中。虽然我们处在一个普遍重视教育的文化大环境下，但是因为没有充分重视阅读，使得儿童缺失了重要的学习素材，特别是对文学阅读的偏爱、对非虚构阅读的忽视，更加重了这一问题。这就是人文环境对人的行为的影响。

上面的理论、模型普遍用于各个领域的学习。

阅读策略与阅读素养

目前广为使用的几个国际阅读测试系统，已经给出了一些阅读目标。关于阅读策略，世界上很多学习和教育研究机构都有一些相关的成果。对非虚构阅读有重要参考价值的是 PISA、NAEP 和 PIRLS 三大系统。下面我们选取其中的信息类阅读内容进行比较分析。

PISA，即经济发展与合作组织（OECD）发起的国际学生评价项目（Program for International Student Assessment，简称PISA）。PISA依据其对阅读素养的界定，确定了4个不同的阅读情境：为了个人应用而阅读、为了公共应用而阅读、为了工作而阅读、为了教育而阅读。其评价学生的阅读素养分为三方面：一是获取信息的能力，即能通过文本的特征、背景等迅速找到自己所需要的信息；二是解释信息的能力，即能结合自己的知识、联系阅读材料中提供的信息，对信息进行加工处理，从而得出对文本信息的正确解释；三是反思和评价的能力，即能与自己原有的知识、想法和经验相联系，评价文本中提出的观点、结构、风格等基本特征。

NAEP，即美国国家教育统计中心（National Center for Education Statistics，简称NCES）推出的国家教育进展评估（National Assessment of Educational Progress，简称NAEP）。NAEP关于阅读素养的评价有三种情境：一是为获取文学体验而阅读；二是为获取信息而阅读，即通过阅读信息性资料获得有用的信息；三是为完成任务而阅读，即学生通过阅读课程表、地图等来运用信息。NAEP测试时考察的因素包括：整体感知、形成解释、联系自身、做出评价。

PIRLS，即国际教育成就评价协会（IEA）推出的国际阅读素养进展研究项目（Progress in International Reading Literacy Study，简称PIRLS）。PIRLS确定的两个阅读目的：一是为文学体验或娱乐而阅读；

二是为获取和使用信息而阅读。其阅读素养测评主要考查学生关注并提取信息的能力、直接推论的能力、解释并整合观点和信息的能力、判断与评价的能力。

其实以上三大阅读素养评价系统，内容大同小异，如表 3-1。

表 3-1　三大阅读素养评价系统及其内容

PISA	NAEP	PIRLS
进入与检索	定位和记忆	关注和检索明确阐明的信息，直接推论
整合与阐释	整合与阐释	整合和阐释观点和信息
反思与评价	批判和反思	审查和评价内容、语言和文本

在这些阅读素养评价系统里，另外还附加了动机、情感、阅读频率等内容，而这也是促进阅读能力发展的重要策略。特别在东亚文化中，我们通常较为强调努力、负责任等外部要求，而忽视了个人的内部动机，所以我在非虚构阅读策略中增加了马扎诺学习过程三大系统中的元认知系统和自我系统。

虽然以上内容分别被称为教育目标、学习策略、阅读素养，但是每一项都在描述人们在这一过程中可以使用的方法或者策略，比如元认知策略、增强自我动机的策略、获取信息策略、评价策略、环境营造策略等。所以，这个素养评价目标体系可以整合为表 3-2。

表 3-2　非虚构阅读素养评价目标

目标	详细解释
信息提取与推论	关注和检索明确阐明的信息，并能做出直接推论
整合与阐释	能够联系阅读材料中的信息，对信息进行加工处理，从而得出对文本信息的正确解释
检验与评价（内容和文本）	评价文中提出的观点，客观反思文本的适用性、结构、风格等基本特征，识别内容材料的组织方式等
元认知系统	对认知过程的认知，包括对目标和计划的监控、评价过程及调整
自我系统	价值意义、能力、关联性、自主性、情绪反应

阅读策略对低龄儿童的支持

虽然表 3-2 中非虚构阅读的目标分类主要是针对已经有独立阅读能力，也就是具有基本的识字和阅读能力的儿童来说的，但本书针对的儿童，也包括刚出生还不识字的低幼儿童，以及刚刚进入识字阶段的低年级儿童，这时候他们更为依赖成年人的帮助和支持。所以，我们的阅读策略体系中也加入了他们所需的方法。

知识、策略和动机

马扎诺将学习过程划分为自我系统、元认知系统和认知系统。它们之间只是简单的并列关系吗？掌握知识重要，还是掌握方法重要？

这个问题常常引起大家的争论，特别是反思我们的教育过于重视知识记忆的时候。其实，它们之间是相互促进的关系。众多研究表明，知识、策略（也就是方法）和动机之间是互相依赖、互相促进的。一般而言，拥有的某个领域的知识越多，所产生的方法和策略越优质，这也是为什么专家总是能比新手更快地发现问题和提供解决方案。同时，拥有的策略和方法越多，获得的知识和信息越多。拥有做某件事的知识越多、方法和策略也越多的人，自我效能感、自信心越强，也更喜欢做某事，也就是有做事的内部动机。当然，内在动机高，也会对知识的获取和策略的增长起到促进作用。它们之间的关系就如同齿轮一样，相互促进。所以，在研究阅读策略的时候，我们需要考虑这三者之间的关系。

以上理论各自描绘了学习过程的某个侧面，都是独立的，但它们也不是唯一和排他的。就像我们在本书开头引用的布鲁纳的理论：我们所学习的知识，都是前人创造出来的理解世界的假想模型。本章所建立的策略框架，也只是理解世界的一种假想模型，但是这些模型确实有助于我们更好地理解世界。

儿童非虚构阅读策略体系

综上，结合各个年龄段的目标任务、读物特征、学习本质、一般阅读策略等内容,加上我辅导儿童阅读的经历,以及分析其他国家(如瑞士、法国、日本、美国、英国、加拿大、澳大利亚等)在非虚构

表 3-3　儿童非虚构

年龄段	非虚构类读物分类	自我系统	学会阅读
0~3岁	各种类型(玩具型、纸板型、普通型)的日常概念图画书、一般故事图画书	选择合适、有趣的书,激发儿童对书的兴趣	知道"书"是什么
		成人陪伴儿童愉快阅读	讲解图画、新词和概念
		让儿童自主选择一部分要读的书	反复阅读
4~6岁	日常概念图画书、故事认知图画书、非虚构类图画书	选择合适的图书,激发儿童的好奇心和兴趣	讲解新词和概念,准确理解新信息
	日常概念图画书、故事认知图画书、非虚构类图画书	成人陪伴儿童愉快阅读	适当引导儿童关注书中文字
		鼓励儿童自主选择感兴趣的图书	适当引导儿童进行自主阅读
		鼓励儿童向父母、伙伴分享书中信息	反复阅读

阅读中的策略要求，并根据中国儿童的实际情况，本书设计了一套儿童非虚构阅读策略体系（见表3-3）。

阅读策略体系

阅读策略				
信息提取	信息整合	反思评价	应用	元认知系统
引导儿童将图画、符号与现实建立联系			鼓励儿童动手写、画	
引导儿童指认书中的事物，交流细节以及相关信息				
关注跟自身有关的细节				
引导儿童识别书中的重要信息和细节	引导儿童简单概括书的内容和主题	与儿童讨论他们对书中内容的感受和观点	鼓励儿童动手写、画	鼓励儿童就书中的内容提出自己的问题
引导儿童依据信息尝试做预测			鼓励儿童读完书后观察以及动手实验	
引导儿童将书中的信息与生活联系起来			鼓励儿童在生活中练习概念的使用	
引导儿童用自己的话复述内容				

年龄段	非虚构类读物分类	自我系统	学会阅读
4~6岁	日常概念图画书、故事认知图画书、非虚构类图画书		
7~9岁	故事认知图画书、非虚构类图画书、非虚构类短文、非连续性文章	选择合适的图书，激发儿童的好奇心和兴趣	明确科学概念的含义，强调新词的掌握
		鼓励儿童向成人分享书中信息	边读边做注释
		陪读的成人要提出有难度的问题	利用图画和文章特征帮助理解
		与同伴合作阅读	适当扩展领域信息
			反复阅读
10~12岁	非虚构类故事图书、严谨的非虚构类图书	成人提供合适的图书，激发和保持儿童的兴趣	准确理解科学概念
		鼓励儿童自主选择感兴趣的图书	整理信息并做笔记
		陪读者提出有难度的问题	反复阅读
		与同伴合作阅读	

（续）

阅读策略				
信息提取	信息整合	反思评价	应用	元认知系统
引导儿童阅读图画书和艺术图书，感受艺术				
运用KWL法梳理文章内容和信息	用自己的话解释概念和理论	对同一主题的多篇文章进行对比阅读	与他人分享信息	利用有声思维集中注意力或者展示思考过程
利用图表概括文章信息	将文字内容可视化	思考自己得出结论所依据的信息	动手写、画，动手实验	就阅读内容自我提问
根据文中的信息直接推论	确定段落的主题句，理解文章的意义		尝试建立模型	
	找出文章的观点，区分事实和观点			
根据文中的信息直接推论，或者处理隐含信息	确定每个段落的主题句，准确理解文章的意义	思考自己得出结论所依据的信息	尝试建立模型	悬置疑问，再次阅读和理解
文字视觉化或者视觉文字化	分析文章结构，帮助理解	主题式阅读，进行对比分析	口头交流或者书面写作	重复作者的研究
鼓励儿童在某一领域的深入阅读中学习	找出文章的观点，找出支持观点的事实或者理由		动手实验	提出其他问题
感知与学习艺术规律	情景模拟和角色扮演		利用多个信息来源求证和解决问题	

年龄段	非虚构类读物分类	自我系统	学会阅读
10~12岁	非虚构类故事图书、严谨的非虚构类图书		
13~15岁	少量趣味性非虚构类图书、严谨的非虚构类图书	了解某一领域的知识体系	准确理解专业概念和理论
		陪读者提出有难度的问题	整理信息并做笔记
		与同伴合作阅读	

（续）

阅读策略					
	信息提取	信息整合	反思评价	应用	元认知系统
		将非虚构类文本与虚构类文本的信息相结合			
		解释原因和结果			
	根据文中的信息直接推论，或者处理隐含信息	确定每个段落的主题句，准确理解文章的意义	在阅读中使用批判性思维	建立系统模型	制订简要的阅读和学习计划，并检查执行情况
	文字视觉化或者视觉文字化	找出文章的观点，找出支持观点的事实或者理由	分析文章中个体、事件和想法之间的相互作用	动手实验，验证文章中的内容	悬置疑问，再次阅读和理解
	鼓励儿童在某一领域的深入阅读中学习	解释原因和结果	分析文章的结构如何帮助作者达成目的	利用多个信息来源，解决疑问或者证明观点	提出其他问题
	感知与学习艺术规律	运用学科内的思维	分析修辞的作用	进行非虚构写作	
		解释自己的理解和想法	分析作者的写作意图		
		理解视觉文化，培养视觉素养	比较文字与多媒体的效果		
		情景模拟和角色扮演	比较一手资料和二手资料		
		将非虚构类文本与虚构类文本的信息相结合	主题对比式阅读		

年龄段	非虚构类读物分类	自我系统	学会阅读
16~18岁	少量趣味性非虚构类图书、严谨的非虚构类图书、严谨的论文	在真实的项目中阅读和学习	泛读与领域内的深入阅读相结合
		了解某一领域的知识体系	挑战有难度的文章时，反复阅读
		陪读者提出有难度的问题	整理信息并做笔记，及时复习
		与同伴合作阅读	

（续）

阅读策略					
	信息提取	信息整合	反思评价	应用	元认知系统
	根据文中的信息直接推论，或者处理隐含信息	确定每个段落的主题句，准确理解文章的意义	分析作者的写作意图	"假如我来验证"	制订简要的阅读和学习计划，并检查执行情况
	文字视觉化或者视觉文字化	找出文章的观点，找出支持观点的事实或者理由	分析修辞、结构的作用	指出尚未解决的重要问题	悬置疑问，再次阅读和理解
	鼓励儿童在某一领域的深入阅读中学习	解释自己的理解和想法	发展文本评价能力	进行非虚构写作与交流	提出其他问题
	及时停下，思考和总结	解释原因和结果	区分事实、观点、信念和视角	动手实验，验证文章中的内容	
		运用学科内的思维	认识、评价观点所依据的理论	建立系统模型	
		情景模拟和角色扮演	理解文字与多媒体信息	利用多个信息来源，解决疑问或者证明观点	
		理解视觉文化，培养视觉素养	比较一手资料和二手资料		
		将非虚构类文本与虚构类文本的信息相结合			
		在不同学科之间建立联系			

在这里说明一下,虽然我们可以将每个方法、策略、行动划分到不同的类别中,但这只是为了方便理解,事实上这里面很难完全进行单一分类。比如,让儿童向父母和同伴讲述书中的内容,既可以复习和记忆书中的信息,也是让他们使用自己的语言进行思考的过程,也是借由分享带来愉悦感从而激发个人动机的过程,而我们只是把它单一划分在激发个人动机的"自我系统"中。

表 3-3 中每三岁划分为一个年龄段,但仅仅作为阅读能力的参考,因为目前还无法按照实际的阅读能力划分出不同的难度层次。

0~3 岁和 4~6 岁的阅读策略主要是亲子阅读,所以这些策略多是指导大人引导的。6 岁以上相关策略,则是站在指导儿童的角度进行阐述,当然也需要成年人的支持和协助。

最有价值的知识是
关于方法的知识。

尼古拉·特斯拉

我从来不在乎别人用我的想法，但我在乎的是他们没有一点自己的想法。

第四章
0~3 岁儿童的非虚构阅读

0~3 岁儿童的认知能力
0~3 岁儿童的非虚构阅读推荐书单
0~3 岁儿童的阅读策略
自我系统
学会阅读
信息提取
应用

0~3 岁儿童的认知能力

儿童在 1 岁左右，可以说出简短的词语。13 个月时，开始发展出名词的认知能力，能将名词与特定事物相对应，比如将名词"狗"与狗这一动物相对应。2 岁的儿童能够正确回答图画书上熟悉的物品名称，如苹果、钥匙等。2 岁儿童的词汇量约为 300 个。2 岁多的幼儿已经熟练掌握了基本的句法，可以用两三个词组成简单的"电报句"，比如"妈妈吃""宝宝球"等，能够理解稍微复杂的长句子。3 岁开始，以汉语为母语的儿童在进行语言表达的时候，就可以说出有修饰语的完整句子了，谈话中出现复合句的比例可以达到 21.55%。3 岁儿童的词汇量约为 1000 个。

1 岁的儿童开始涂鸦，发展符号表达能力。3~4 岁的儿童开始模仿母语文字涂鸦。比如英语国家的儿童会画出类似英语字母的涂鸦，中国儿童会画出横竖线条或类似方块字的涂鸦。3~4 岁的儿童对于图画的表达、风格和构图具备一定的感知能力，但是还不太成熟，他们更关注图画表达的内容。

6~8个月的婴儿能在心里感受到数字，会把显示屏上物体的数量与听到的鼓声次数对应起来。16个月的婴儿能够感受到3比2大，2比1大。3岁的儿童能进行较小数字的加法。当被问1个苹果加2个苹果是多少时，他们会分别数出1个和2个苹果放在一块儿，然后一起数。8个月的婴儿也有简单的统计推理能力。实验人员从两个盒子里分别取出5个红色小球和1个白色小球，然后让他们看原来的盒子，当婴儿看到原来盒子里红色小球少而白色小球多时，他们的目光停留时间更长。这说明他们认识到这与取出来的结果不一致，不符合统计学原理。

婴儿能够意识到生物和非生物的区别。实验人员给7个月的婴儿看两个离得很近但是没有挨在一起的人并排往前走，婴儿没有觉得奇怪。而让他们看两个人偶一样的物体一起移动，也是没有任何接触点，他们就表现出惊奇和困惑。当然，他们还不能用语言或者概念表达出来。

2岁的儿童已经能对别人的忧伤表情表现出移情和同情，并出现自我意识和独立意识。2岁半的儿童能认识到他人的兴趣或偏好可能与自己有所不同。3岁时，儿童就能给自己和他人的情绪"贴标签"，并能辨认曲调中的快乐或悲伤。

6个半月时,婴儿就有一定程度的因果知觉。6个月的婴儿对视觉悬崖已有反应,但是能在妈妈的鼓励下继续前行。2岁半到3岁之间,儿童开始建立类属关系。3岁半的儿童开始喜欢玩假装游戏,比如搭建房子、过家家、医院看病等,这是其象征能力发展的证据。

12个月的婴儿会出现把玩具递给同伴的分享行为,但是两三岁的儿童是不愿意把自己喜欢的玩具跟同伴分享的。当3岁的儿童与熟悉的同伴合作得到一些物品时,他们会公平地分享这些物品。

0~3岁儿童的非虚构阅读推荐书单

书名	作/译者	出版者
儿童经典视觉启智绘本（全4册）	［日］本信公久　文/图 沈斌　译	湖南少年儿童出版社
水墨宝宝视觉启蒙绘本（全4册）	保冬妮　著 朱莹　朱宗顺　绘	接力出版社
杜莱百变创意玩具书（全5册）	［法］埃尔维·杜莱　著 Panda Panda童书译书馆 赵佼佼　译	接力出版社
脸，脸，各种各样的脸	［日］柳原良平　文/图 小林　小熊　译	少年儿童出版社
0-3岁色彩形状启蒙游戏纸板书（全5册）	［日］新井洋行　著/绘 心喜阅童书　译	长江少年儿童出版社
幼幼小动物绘本（全3册）	［美］托妮·尤利　作 香辰　林平　译	二十一世纪出版社集团

（续）

书名	作/译者	出版者
奇妙洞洞书系列第一辑 （全6册）	［意］G.曼泰加扎 文 ［意］G.瓦内蒂 图 方素贞 译写	未来出版社
幸福宝宝益智启蒙绘本 （全8册）	［日］松谷美代子 文 ［日］濑川康男 岩崎千弘 东光寺启 图	南海出版公司
日本Sassy益智绘本 （全3册）	［日］Sassy/DADWAY 主编， ［日］La ZOO 著/绘， 高英 译	北京联合出版公司
抱抱	［英］杰兹·阿波罗 文/图 上译编辑部 译	明天出版社
棕色的熊、棕色的熊，你在看什么？	［美］比尔·马丁 文 ［美］艾瑞·卡尔 图 李坤珊 译	明天出版社
藏猫猫 藏猫猫	［日］五味太郎 文/图 ［日］猿渡静子 译	北京联合出版公司
小洞的故事	［法］伊莎贝尔·平 编/绘 张悦 译	安徽少年儿童出版社
我的后面是谁呢 （全5册）	［日］accototo 福田敏生 福田明子 著 ［日］猿渡静子 译	北京联合出版公司
有趣的颜色 （全3册）	［法］埃尔维·杜莱 著 陈小齐 译	北京联合出版公司
数一数，亲了几下	［美］凯伦·卡兹 著 漆仰平 译	北京联合出版公司

（续）

书名	作/译者	出版者
看，脱光光了！	［日］五味太郎　文/图 ［日］猿渡静子　译	北京联合出版公司
好饿的小蛇	［日］宫西达也　文/图 彭懿　译	二十一世纪出版社
好厉害的车系列（全3册）	［美］谢丽·达斯基·瑞科尔　著 ［美］汤姆·利希藤黑尔德 　　　A.G.福特　绘 阿甲　译	海豚出版社
移动的积木	［日］米津祐介　文/图 信谊编辑部　译	明天出版社
婴幼宝宝生活游戏翻翻书（全4册）	［日］田中四郎　著/绘 丁虹　译	文化发展出版社
1，2，3到动物园	［美］艾瑞·卡尔　文/图 信谊编辑部　译	明天出版社
数字爷爷的数字乐园	［美］劳瑞·凯勒　作 孙慧阳　译	二十一世纪出版社
完美的小狗阿波罗	［比利时］卡罗琳·格雷戈尔　文/图 杨默　译	二十一世纪出版社
绿	［美］劳拉·瓦卡罗·希格　著 大麦　译	二十一世纪出版社
你看到我的小鸭了吗？	［美］南西·塔富利　文/图 信谊编辑部　译	明天出版社
奇迹小宝宝·初次见面绘本系列（全11册）	［日］武内祐人　鹤见幸 　　　山本省三　编/绘 崔健　译	江西科学技术出版社

（续）

书名	作/译者	出版者
0-3岁行为习惯教养绘本（全6册）	［比］让娜·阿什比 著/绘 谢逢蓓 译	长江少年儿童出版社
我的感觉（全8册）	［美］科尼莉亚·莫德·斯佩尔曼 著 ［美］凯西·帕金森 绘 黄雪妍 译	电子工业出版社
我的蔬菜宝宝	陈丽雅 著	郑州大学出版社
我的水果宝宝	陈丽雅 著	郑州大学出版社
我的第一本水果形状躲猫猫	金版幼福 编	福建科学技术出版社
好大的红苹果	［日］垂石真子 文/图 信谊编辑部 译	明天出版社
用什么做的呀？	［日］大森裕子 文/图 林静 译	北京联合出版公司
太轻了，太重了	［德］苏珊娜·施特拉瑟 著 郭鑫 译	南京大学出版社
跑跑镇	亚东 文 麦克小奎 图	明天出版社
DK儿童百科超级大书·交通工具	英国DK公司 编著 严羽 译	湖南少年儿童出版社
小种子快长大	陈丽雅 文/图	北京联合出版公司

（续）

书名	作/译者	出版者
小鸟诞生了	［德］汉斯-克里斯蒂安·施密特 著 安德烈亚斯·内梅特 绘 喻之晓 译	海豚出版社
这样的尾巴可以做什么？	［美］史蒂夫·詹金斯 文 ［美］罗宾·佩奇 图 郭恩惠 译	河北教育出版社
大米是怎样来的	周兢 总主编 岑建强 文 陈大元 张蔚昕 图	华东师范大学出版社
身体的声音真奇妙	［韩］苹果蜜蜂 编著 李舟妮 译	湖北少年儿童出版社
挖孔认知绘本·动物动物捉迷藏	［日］石川浩二 文/图 蒲蒲兰 译	二十一世纪出版社
婴儿创意连连翻·花儿开呀开	［日］石川浩二 著 徐超 译	接力出版社
幼幼成长图画书·向日葵	［日］和歌山静子 文/图 林静 译	少年儿童出版社
大大的，小小的	钟彧 著/绘	中国少年儿童出版社
奇妙洞洞书系列·你会说话吗？	［意］G.曼泰加扎 著 ［意］G.奥雷基亚 图 方素珍 译	未来出版社
来不及了，来不及了	［法］劳伦斯·吉洛特 著 洛荷·杜·菲 绘 李冰清 译	世界图书出版公司

（续）

书名	作/译者	出版者
宝宝的第一本手指推拉书·冰冰和波波（全4册）	[英]乔·洛奇 著/绘 尚童 译	花山文艺出版社
宝宝推拉游戏书·咯哒咯哒咯咯哒	英国尤斯伯恩出版公司 编著	接力出版社
宝宝最爱的汽车推拉书（全4册）	[德]达妮埃拉·普鲁斯 著 [德]沃尔夫冈·梅茨格 绘 朱雯霏 译	接力出版社
变变变！工具篇	[意]艾格尼丝·阿布鲁兹 著 李申莉 译	郑州大学出版社
早晚问候推拉滑板书·晚安	[西班牙]梅瑞特谢尔·马蒂 文 [西班牙]泽维尔·萨洛莫 图 木铎 译	北京联合出版公司
听，什么声音？（全6册）	[比利时]YOYO出版社 著/绘 步步联盟 译	开明出版社
我的好习惯养成推拉书（全4册）	[法]艾丽斯·勒埃南 著 [法]蒂埃里·贝杜埃 绘 王博 译	外语教学与研究出版社
小手摸摸全知道·颜色	[法]格扎维埃·德纳 著/绘 小奇 译	外语教学与研究出版社
慢悠悠的压路车	[日]小出正吾 著 [日]山本忠敬 绘 赵峻 译	北京联合出版公司

(续)

书名	作/译者	出版者
忙碌的大卡车	［日］渡边茂男　文 ［日］山本忠敬　图 赵峻　译	北京联合出版公司
豆宝宝大创意系列1 （全3册）	谢武彰　著 曹俊彦　绘	郑州大学出版社
相对关系概念图画书 （全12册）	周兢　文 周翔　姚红　胡宁娜　等绘	南京师范大学出版社
一起发现 （全2册）	［美］苏里耶·赛依娜尼　著 周莉　译	青岛出版社
过年	刘艳　曹燕颖　改编 周尤　绘	江苏凤凰教育出版社
小老鼠无字书·数字	［瑞士］莫妮克·弗利克斯　著	明天出版社
饺子和汤圆	卷儿　文 任晶晶　绘	连环画出版社
一园青菜成了精	编自北方童谣 周翔　图	明天出版社
你吃什么呀？	［法］弗朗西娜·维达尔　著 ［法］艾洛蒂·努恩　绘 戴磊　译	北京科学技术出版社
谢谢你，小苹果！	［奥］布丽吉特·威宁格　著 ［德］安妮·默勒　绘 喻之晓　译	新星出版社

0~3岁儿童的阅读策略

0~3岁是儿童发展语言和词汇能力的关键时期,主要是日常词汇的发展。所以这一时期的所有读物,对于儿童的认知都是有重要意义的。丰富的故事类图画书是获得词汇和概念(比如爸爸、妈妈、球、车、大、小等)的重要途径,也是他们认识世界的开始。信息类图画书中会有一些虚构故事,虚构的故事类图书中也会包含一些科学信息,比如《脸,脸,各种各样的脸》《是谁嗯嗯在我的头上》等。

这一阶段的阅读目标是认识图书、满足好奇心、获得乐趣、建立基本的概念,同时进行概念学习和知识储备。所以,这个时候建议给儿童选择有趣好玩的图书、适合认知能力的图书,以进行非虚构阅读的学习。

自我系统

选择合适、有趣的书,激发儿童对书的兴趣

通过有趣的、适合儿童的图书,激发儿童的阅读兴趣,使他们持续地对阅读、探索产生热情。比如能够带来惊奇效果的发声书、洞洞书、互动游戏书等,像《点点点》、《我的后面是谁呢》等。

之前,经常有父母满脸愁容地问我:我家孩子不爱读书可怎么办?我问孩子几岁,读的什么书,原来,孩子不到1岁半就读长长的"阿拉丁神灯"。孩子的理解能力还达不到阅读如此复杂的故事,怎么能喜欢呢?如果让我们读从来没接触过的科学论文,我们也会读不下去。2岁以前,儿童的认知能力非常有限,一定要选择他们能理解的书。

成人陪伴儿童愉快阅读

情绪和情感是影响我们是否做某件事的重要因素。如果儿童在接触书、和父母一起阅读的过程中是开心的、快乐的,那么就会引发反复阅读的行为。如果想法是无趣的、被逼的、有压力的,那么他们以后就会逃避阅读活动。所以在开始阶段,尽量让阅读是有趣的、无压力的。

父母要对书、要对和孩子一起阅读表达积极的情感，避免消极的情感。比如，可以和孩子说这样的话："这里有一本很有意思的书"，"我们看看那本有趣的书吧"，"你选了一本很棒的书"，"你都能看书了"，"爸爸妈妈和你一起读一本书吧"，等等。

让儿童自主选择一部分要读的书

虽然父母买了很多好书，希望孩子快快来读，但是也要尊重孩子的兴趣和意愿，满足孩子想读哪本书的愿望。记住这一点，特别是在孩子让父母反复读一本书而父母觉得越来越不耐烦的时候。

学会阅读

知道"书"是什么

大家一定看到过那些抱着书又咬又啃的小孩，这当然是因为他们还不知道书是干什么用的。玩具有玩具的玩法，书有书的玩法。对于低幼儿童来说，要知道"书是什么""书怎么用"也需要一个过程。他们要慢慢知道书是用来看和玩的，不是用来吃的，当然可以"吃"的书除外。了解书上图画中的事物跟现实中的事物是不同的，现实中的苹果可以吃，书上的苹果不可以吃，但是书上的事物又可以代表现实中的事物，表达一定的意思。另外，儿童还需要一步步地了解，书是一页一页翻的；书上的符号表示一定的意思；书有前后顺序，前一页和后一页连起来表示一定的意思……弄清楚这些关于书的知识后，儿童才能正确使用书，从书中获得意义。而这不是一天两天能做到的，是慢慢发展出来的。

父母怎么帮助儿童理解"书是什么"呢？可以多拿书给儿童看，演示每次都从封面开始看，演示如何翻书，指着书上的图画给儿童解释"这是什么"，同时拿书上的简单图画跟现实中的事物进行对照，通过"上一页讲了……下一页讲了……"帮助儿童将书中内容连贯起来等。

美国早期儿童阅读专家伊丽莎白·萨尔兹比（Elizabeth Sulzby）[22]研究发现，儿童要理解书是什么、理解书上的图画、理解书上连续的故事，是需要一个发展过程的，这其中经过了认识书上的事物但是不能形成连续的故事→能形成连续的故事→逐渐关注图画也关注文字等几个阶段。所以，父母要了解儿童阅读的阶段及其特征，不要因为孩子不读书、乱翻书就认为孩子不喜欢读书。

讲解图画、新词和概念

研究显示，低龄幼儿并不能自动识别图画上的物体，一个月大的婴儿只能对简单的、有直接关系的前后事件建立联系。如果图画书中的角色有前后数个动作，这些动作又不够简单、直接，就需要家长或看护人进行讲解，帮助幼儿理解书中的事件或故事。所以，我们在带领低龄幼儿阅读时，需要根据幼儿的年龄，为他们讲解图画。比如："这是皮球"，"小朋友们是在……"，"他们刚刚做了……，现在要做……"，等等。

稍微留心一点儿，父母对自家孩子能够听懂和会说的词就会有大概的掌握。因此，父母在和低幼儿童一起读书的时候，要及时讲解他们不会的词、可能出现理解偏差的词，不能再像我当年"线针搁银"那样了。

一下子接触、理解完全陌生的词句对于低幼儿童来说是非常困难的，但是在儿童熟悉的生活情境中，慢慢增加新鲜和陌生的词句是可行的，因为儿童很早就具有了推理能力，能够根据语法和情境理解事件和词句。比如，有研究发现，20~24个月的幼儿听到父母指着一个玩具说"这是一个咔咔"时，他们就会认为这个玩具是"咔咔"；如果父母说"这是一个咔咔的玩具"，那么婴儿就会认为"咔咔"是指玩具的一个特点，比如形状或颜色。如果他们听到"妈妈在吃苹果"，并且知道"吃"的意思，那么他们会推断出"苹果是妈妈手里拿的那个东西"，而"不是妈妈旁边的什么东西"。在同样的情境下，我们可以换为"妈妈在吃梨""妈妈在吃葡萄"，这样就增加了新词的数量。

对于新的概念，我们可以列举多个具有同类特征的事物来讲解和展示，帮助儿童用归纳的方法获得概念的确切内涵。比如，当我们指着一个圆的红色的皮球告诉孩子"圆"的时候,他可能会认为红色是"圆"的意思,并不知道"圆"代表形状,而是颜色、质地、形状、软硬等。当我们把多个圆的物品指给孩子看的时候,他们才会归纳出"圆"的意思。

所以,儿童第一次接触到新词时,我们要进行详细的讲解,因为一个词或者概念是有确定的含义的。而儿童在明确知道一个词的含义的时候,还会发生意义扩大或者缩小的现象。比如"猫",刚开始的时候婴儿认识了一个毛茸茸、四条腿的"猫",但是他们也可能把毛茸茸的、有四条腿的狗错认作"猫",或者以为只有眼前的这个毛茸茸、四条腿的动物叫"猫"。不是他们笨,而是他们把概念进行了错误的扩大或者缩小,他们的概念还在建立过程中。只有到把符合猫所有特征的动物叫作"猫"时,他们才真正建立了"猫"的概念。这是一个逐步发展、纠错,运用推理和归纳能力来习得概念的过程。发现儿童出现错误的时候,我们要及时进行纠正和解释。

反复阅读

有时候儿童会反复阅读一本书。为什么呢?研究生化慧使用眼动仪对幼儿园儿童阅读图画书的视线运动进行了研究。她发现,第一次阅读一本新书的时候,儿童的视线主要聚集在与文本内容密切相关的主要角色和关键特征上;后续重复阅读中,儿童除了关注关键信息外,视线也会落在一些次要细节上；幼儿园大班儿童在重复阅读时视线会更多地落在文字上。这说明在不同的阅读过程中，儿童关注的信息是有差异的，阅读的次数越多，儿童获得的信息就越全面。

处于幼年阶段的儿童，对于新词、新句不熟悉，所以需要关注的信息很多，每次阅读都可能会遗漏书中的某些内容，但他们偏好记忆全部的信息和细节，而不是知道大概信息就可以了，因此需要反复阅读。而每多一次的阅读，都是对书中信息的复习以及对以前未注意信息的补充，包括人物/事物、发生的主要事件、过程和细节等，像拼拼图一样逐渐将全书"拼齐""吃进去"。

帕帕斯（Pappas）[23]研究发现，反复阅读非虚构类图画书对儿童的词汇习得、科学概念的获得和理解能力的发展都有着积极的影响作用。

这可以通过信息加工理论来解释。信息加工理论认为，大脑加工的"工作记忆容量"是有限的，成年人大概每次只能处理四条左右的信息，儿童则更少一些。在第一次阅读一本书时，不是所有的信息都同时被处理了，所以第二次、第三次阅读时仍然能够追加获得新的信息。

即使是反复阅读，也可以每次换不同的形式。比如，第一遍可以先让儿童独立翻阅，让儿童联系自己已经掌握的日常概念和知识经验，发挥自己的观察能力和逻辑推理能力去理解图画书，将自己的实际理解表达出来。第二遍，父母或老师可以和儿童一起阅读，读给儿童听，让儿童在文字和语言的帮助下更好地结合图画进行理解。第三遍，可以在读的过程中讲解和解释陌生的词和概念，帮助儿童理解之前没理解或者理解错误的地方。当然读完以后，还可以和儿童重复地共同阅读，或者让儿童继续翻阅，反复翻看自己感兴趣的内容。

信息提取

引导儿童将图画、符号与现实建立联系

图画与字只是一种符号，代表的是现实中事物的意义。儿童对此的理解，是一个缓慢的过程。比如，2岁的儿童能够认识书上熟悉的事物，但是2岁以下的儿童还不能把图画中的面包和现实中的面包区分开。图画中的面包，虽然代表了面包的意义，但是不具有面包的色香味以及能吃的特征，它们既是不同的，又是有关系的。所以阅读的时候，我们要带领儿童理解图画、符号与现实事物之间的联系。可以在看图画书的时候，带儿童指认跟图画书上一样的水果、玩具、蔬菜等事物。看到一些场景，也可以带儿童去实地体验，比如邮局、商店等。

引导儿童指认书中的事物，交流细节以及相关信息

心理学研究发现，低幼儿童更关注细节，这是他们努力认知各种各样事物的原因，也是生存的需要。所以在阅读之后，父母可以跟儿童一起回顾这本书讲了什么、画了什么、写了什么、什么是什么样的等细节问题。可以是父母问孩子，也可以让孩子问父母，看父母是不是答对了。

比如看过《这样的尾巴可以做什么？》后，父母可以和孩子一起说说：书里都讲了动物身体的哪些地方？有鼻子吗，有耳朵吗，是不是还有眼睛、脚和嘴巴？都画了哪些动物的尾巴？大象的鼻子可以干什么？

关注跟自身有关的细节

每本书中的信息都是按照作者的思考逻辑来呈现的，但是每个人的经验不同，理解也会不同。这个阶段，我们在陪儿童一起进行非虚构阅读的时候，可以根据他们的情况适当扩展相关信息，由此获得的印象会更深刻，这也就是"具身认知"效果。比如读到与苹果有关的书，如果儿童看过苹果树，我们可以帮助他们回忆曾经见过的苹果树长什么样以及和谁一起去的，还发生了什么事儿等。

应用

鼓励儿童动手写、画

这个时候的儿童就能写和画了吗？1岁左右的儿童已经能够拿着笔画线条了，3岁左右就能画出类似图像的涂鸦了。支持儿童写、画，不仅是在锻炼他们使用纸笔的能力，更可以让他们理解纸上的符号与现实事物的关系。所以，给他们准备好纸、笔，一面涂画的白板和一件耐脏的罩衣吧。

《荀子》

不闻不若闻之，闻之不若见之，
见之不若知之，知之不若行之。

第五章
4~6岁儿童的非虚构阅读

4~6 岁儿童的认知能力

4~6 岁儿童的非虚构阅读推荐书单

4~6 岁儿童的阅读策略

自我系统

学会阅读

信息提取

信息整合

反思评价

应用

元认知系统

4~6 岁儿童的认知能力

4 岁开始，儿童能完全理解图画书是对现实事物的一种描绘，而不是事物本身；也开始发展出理解隐喻的能力，从物理外形相似的隐喻逐步过渡到心理状态的隐喻。有调查显示，5~6 岁的儿童可以表达的口语词汇量达到 3562 个。5~6 岁的儿童在阅读图画书时，对文字的注视开始增加。5 岁的儿童能够理解大多数句型，并列、因果、假设、转折、目的、递进、条件等语句都能理解。5~6 岁的儿童可以理解复杂结构的语句，谈话中出现复合句的比例为 40.05%，包括并列、选择、条件、因果、转折。

4 岁的儿童已经具有分数概念，也发展出了 10 以内的数数能力。6 岁的儿童能够理解和使用多个方位词——上下、左右、前后、里外。

儿童到 4 岁时，类属概念系统完善，能理解内在因素（成分、物质）的重要性。三四岁的儿童看到木制的枕头，会判断它是硬的，即使过去看到的所有枕头都是软的。这说明这个阶段的儿童已经可以通过物品的内在特征而不是外形对物品进行判断。

王津[24]研究发现，4岁的儿童发展出了认识科学现象的能力并处于稳定阶段，能够辨认科学类图画书中的科学知识。5岁的儿童发展出了理解现象及特征的能力并处于稳定阶段，能够理解科学类图画书中描述的科学现象与其他科学现象不同的地方。了解现象及表现的能力在学龄前阶段开始发展，因为这需要整合书中与科学现象有关的信息并且理解图画书中呈现信息的特点，难度较大。

4岁的儿童开始发展信念能力，信念就是相信某种观点、思想是正确的。4岁的儿童逐渐开始下结论，为自己的观点辩护和谈判。5岁的儿童就能够理解辩论过程中的一些基本的原则。3岁的儿童能为自己的行为寻找理由和解释。5岁的儿童能使用因果关系进行辩论，当然他们的辩论过程很不成熟，容易产生偏见并且觉察不到，也很难改变自己的观点。5岁的儿童还能找出情绪发生的原因。在明确的要求下，6岁的儿童能够在绘画中表达一定的情绪，比如高兴、悲伤等，学前儿童能够觉察到绘画中的情绪。5岁的儿童甚至能唱出快乐或悲伤的曲调，五六岁的儿童能够辨认出不同的音乐风格。

4岁的儿童开始理解一些社会规则和道德规范，道德情绪和观点采撷能力进一步发展。唐洪和方富熹的研究发现，60%的5岁儿童和70%的6岁儿童认为，当自己做出了损人行为时自己会"不高兴"。这比欧美研究中儿童达到道德水平的年龄低，他们推测，可能是因为我们国家较为重视道德、利他、移情等方面的教育。

5岁开始，儿童能够像成年人一样掌握一般时间词的意义，但是直到8岁才能像成年人一样准确估计时间的长短。

儿童很早就能分辨男性和女性，在4~6岁期间就建立起了稳定的有关男性和女性应该什么样、应该从事什么活动的概念，他们开始把角色和性别联系起来。此时也是性别刻板印象或性别平等观念逐步建立的时期。

在参与活动时，这个年龄段儿童的注意力时间可以维持5~10分钟，但是也容易很快从一件事情转移到另一件事情上去。

4~6 岁儿童的非虚构阅读推荐书单

书名	作/译者	出版者
噢，原来如此！换个角度认识相对概念	［美］苏珊·胡德　文 ［美］杰伊·弗莱克　图 林士真　译	北京联合出版公司
小蝌蚪找妈妈	童趣出版有限公司　编	人民邮电出版社
第一次发现丛书·透视眼系列（全30册）	法国伽利玛少儿出版社　编 ［法］皮埃尔·德·雨果　绘 王文静　译	接力出版社
生命的奇迹（全8册）	［日］须田研司　主编 久保秀一等　摄影 邱博　译	中国人口出版社
法布尔昆虫记（全10册）	高苏珊娜　编著 金成荣　绘 李明淑　译	北京科学技术出版社

（续）

书名	作/译者	出版者
小小自然图书馆 （全40册）	［意］帕帕尤娜　奥斯兰姆 　　　拉帕塔等　文 ［意］弗兰卡·特拉巴齐 　　　亚历山大·德斯特等　图 张懿　译	安徽少年 儿童出版社
微生物：看不见的魔术师	［英］尼古拉·戴维斯　文 ［英］艾蜜莉·萨顿　图 陈宏淑　译	明天出版社
我家门外的自然课系列 （全3册）	［俄］撒沙　冯骐　著 ［俄］撒沙　绘	山东科学 技术出版社
谁用蚂蚁来洗澡	［美］史蒂夫·詹金斯 　　　罗宾·佩吉　著 静博　译	北京少年 儿童出版社
胡椒生长在哪里？	［德］布里吉特·拉布　文 ［德］马努埃拉·奥腾　图 王莹　译	江苏凤凰 少年儿童 出版社
了不起的动物 （全3册）	［美］史蒂夫·詹金斯 　　　罗宾·佩吉　著 静博　译	北京少年 儿童出版社
科学大挑战·为什么不能？ （全7册）	［美］弗雷德·埃利希 　　　哈丽雅特·齐费尔特　著 　　　阿曼达·黑利　绘 龙彦、槟子、诸葛雯　冷林蔚 闻玉　译	北京联合 出版社

（续）

书名	作/译者	出版者
孩子，我们对天气的认识真的错了！	[美]凯思琳·V.库德林斯基 著 [西]塞瓦斯蒂亚·塞拉 绘 蔡薇薇 译	北京联合出版公司
我们长大了：知更鸟日记	[美]艾琳·克里斯特洛 著/绘 马阳阳 译	广西师范大学出版社
和雨蛙爸爸一起去采集昆虫	[日]松冈达英 文/图 彭懿 译	连环画出版社
我的小问题 （全25册）	[法]帕斯卡尔·艾德兰等 著 [法]艾米丽·法丽埃等 绘 袁唯 译	上海文化出版社
妙想科学 （全12册）	[美]罗伯特·E·韦尔斯 著 于姝 译	贵州人民出版社
我们的身体	[法]帕斯卡尔·艾德兰 文 [法]罗伯特·巴尔博里尼 绘 荣信文化 编译	未来出版社
可爱的身体 （全8册）	[日]七尾纯 小林雅子 著 [日]今井弓子 等绘 [日]猿渡静子 译	北京联合出版公司
乳房的故事	[日]土屋麻由美 文 [日]相野谷由起 图 蒲蒲兰 译	连环画出版社
小鸡鸡的故事	[日]山本直英 文 [日]佐藤真纪子 图 蒲蒲兰 译	连环画出版社

（续）

书名	作/译者	出版者
我从哪里来	[加] 科里·西尔弗伯格 著 [加] 菲奥娜·史密斯 绘 徐辰 译	北京科学技术出版社
呀！屁股	[丹麦] 迈普里斯·安徒生 文 [丹麦] 叶世邦·杜拉航 图 王芳 译	江苏凤凰少年儿童出版社
肚子里有个火车站	[德] 安娜·鲁斯曼 著 张振 译	北京科学技术出版社
牙齿大街的新鲜事	[德] 安娜·鲁斯曼 著 王从兵 译	北京科学技术出版社
奇妙的数字旅行	[比] 汤姆·斯汉普 图 于夏 译	北京联合出版公司
我从哪里来	[加] 科里·西尔弗伯格 著 [加] 菲奥娜·史密斯 绘 徐辰 译	北京科学技术出版社
10个10	[法] 埃尔维·杜莱 著 青豆童书馆 陈小齐 译	重庆出版社
形状变变变	[英] 安迪·曼斯菲尔德 著/绘 奇想国 编译	外语教学与研究出版社
形状在哪里？ （全4册）	[德] 布丽塔·泰肯特拉普 著 朱晔 译	长江少年儿童出版社
你一半我一半	曹俊彦 著	郑州大学出版社
一头大象有多大	[意] 罗萨娜·博素 著 黄博雅 译	天津人民出版社

（续）

书名	作/译者	出版者
安野光雅"美丽的数学"系列（全5册）	［日］安野光雅　著/绘 艾茗　译	九州出版社
变变变，神奇的几何图形	［英］劳伦·法恩斯沃思 　　　大卫·格洛弗　著 马金芝　译	石油工业出版社
我的建筑形状书	［英］佩妮·安·蓝恩　著 宋珮　译	河北教育出版社
美丽的螺旋	［美］乔伊斯·西德曼　著 ［美］贝斯·克罗姆斯　绘 范晓星　译	新星出版社
我的第一套头脑体操书（全4册）	英国DK公司　著	中国大百科全书出版社
这是什么呀·天气系列（全6册）	［美］盖尔·吉本斯　著/绘 付晓波　张亦琦　译	文汇出版社
尤斯伯恩偷偷看里面（全6册）	英国尤斯伯恩出版公司　编著 容墨　译	接力出版社
高铁出发了	曹慧思　董光磊　著 王莉莉　绘	北京科学技术出版社
飞船升空了	张智慧　著 郭丽娟　酒亚光　王雅娴　绘	北京科学技术出版社
登月	［美］布莱恩·弗洛卡　著 袁玮　译	天津人民出版社
了不起的工具	权伦德　文/图 禹明延　译	二十一世纪出版社集团

（续）

书名	作/译者	出版者
小小城市建筑师	［意］法布里齐奥·锡莱依 著/绘 石涛 译	电子工业 出版社
身边的科学 （全3册）	［日］小石新八 儿童俱乐部 东京书籍株式会社 主编/编著 荒贺贤二 绘 张羽佳 方宓 译	中国水利 水电出版社
生活微百科 （全3册）	张小莹 余丽琼 周翔 文 朱成梁 周翔 张小莹 图	明天出版社
忙忙碌碌镇	［美］理查德·斯凯瑞 著 李晓平 译	贵州人民 出版社
地面地下	邱承宗 著	江苏凤凰 少年儿童 出版社
揭秘垃圾	［英］阿妮塔·盖恩瑞 克里斯·奥克雷德 文 ［英］汉娜·贝利 图 王旭华 译	未来出版社
不可思议的彩虹	［日］渡边 千夏 著 浪花朵朵童书 编译	北京联合 出版公司
爸爸的秘密	邓满琪 赵墨染 著 赵墨染 绘	中国少年 儿童出版社
谁在晾衣服 （共3册）	［美］凯瑟琳·赫林 黛博拉·汉布鲁克 著 ［英］安迪·罗伯特·戴维斯 绘 魏林 译	花山文艺 出版社

（续）

书名	作／译者	出版者
我们的一天	真真　著 垂垂　绘	海豚出版社
我的感觉 （全8册）	［美］科尼莉亚·莫德·斯佩尔曼　著 ［美］凯西·帕金森　绘 黄雪妍　译	电子工业 出版社
我为什么快乐	［英］罗伦斯·安荷特　文 ［英］凯瑟琳·安荷特　图 邢培健　译	新星出版社
3~6岁性教育科普绘本 （共4册）	［荷兰］波林·奥德　著 王俊栋　季曦露　译	海南出版社
我好难过	［美］迈克尔·伊恩·布莱克　著 ［加］黛比·里德帕思·奥希　绘 文刀　译	北京联合 出版公司
学会爱自己 （全14册）	［美］班蒂·克雷文　文 ［美］茱蒂·柏斯玛　图 刘敏　译	青岛出版社
我能更强大 （全22册）	［美］琼·贝利　著 周晓音　译	北京联合 出版公司
幼儿第一套哲学启蒙绘本 （全4册）	［法］奥斯卡·伯瑞尼弗　文 ［法］德尔劳·杜兰德　图 戴露　译	湖北少年 儿童出版社
艺术大书	［法］埃尔维·杜莱　著 青豆童书馆　译	重庆出版社

（续）

书名	作/译者	出版者
纸袋公主	[加] 罗伯特·蒙施 著 [加] 迈克尔·马钦科 绘 兔子波西 译	河北教育出版社
十二生肖的故事	赖马 文/图	河北教育出版社
你好，时间！	[法] 帕丝卡·艾斯特隆 著 阮名铭 译	广西师范大学出版社
妈妈，昨天到底去哪儿了？	[德] 玛雅·波恩 著/绘 高湔梅 译	朝华出版社
哭也能做男子汉	[美] 基斯·奈格利 著/绘 谢沐 译	中信出版社
我有一个小酒窝	[日] 森绘都 文 [日] 杉山佳奈代 图 袁秀敏 译	连环画出版社
过节啦	肖克之 编著 兰钊 绘	明天出版社
过年啦	孙肇志 张羽高 文 负杨 徐芳 李婷 图	未来出版社
香香甜甜腊八粥	张秋生 著 朱成梁 绘	中国少年儿童出版社
小宝的泼水节	徐鲁 著 鞠洪深 绘	中国少年儿童出版社
豆豆游走的二十四节气	杨智坤 文/图	人民邮电出版社

（续）

书名	作/译者	出版者
我的成长书 （全35册）	［英］珍·格林　等著 ［英］迈克·戈登　绘 于水　译	电子工业 出版社
我……有梦	［美］帕特里克·麦克唐奈　文/图 郝广才　译	晨光出版社
鞋子里的盐	［美］迪洛丝·乔丹 　　　萝丝琳·M·乔丹　文 ［美］卡迪尔·尼尔森　图 柯倩华　译	北京联合 出版公司
驴子图书馆：一个哥伦比亚的真实故事	［美］珍妮特·温特　文/图 马筱凤　译	北京联合 出版公司

4~6岁儿童的阅读策略

自我系统

选择合适的图书,激发儿童的好奇心和兴趣

这一阶段的儿童,关于世界的知识在慢慢扩展,词汇量扩大,表达能力增强,对于世界的好奇心和问问题的能力突飞猛进,但还是要在成年人的陪伴和讲读下进行阅读。阅读,一方面能够满足他们的好奇心,扩充他们的知识,另一方面也会促进他们的思维发展,比如分类、比较等。通过与他人分享,还能发展他们的交流能力和自我效能感。

随着不断成长和学习,儿童的认知能力也在逐渐提高。4~6岁的儿童对世界的了解更多,除了家庭、小区、幼儿园这些身边熟悉的事物,他们对更广阔的世界、未见过的事物、抽象的事物也产生了兴趣。一些以动植物、人的身体、火山海啸、警察和消防员、火车机场等为主题的百科类图画书就是不错的选择,能够帮助他们更好地认识这个广阔的世界。带有说明性图片、清晰易理解、有趣搞笑的非虚构类图书,都能获得他们的喜爱。

如何找到适合这一阶段儿童阅读的图书?可以根据儿童感兴趣的主题,在网上搜索,初步了解图书内容的难度,判断下是否适合。当然也可以参考一些推荐书单,以及图书馆的儿童阅读活动。

成人陪伴儿童愉快阅读

阅读过程中尽可能使儿童保持开心和愉快。除了挑选适合他们的书之外,还要注意跟随儿童的兴趣及时调整目标和方法,让亲子共读的时间保持快乐。不要因为太急于让儿童记住什么、读懂什么而过分强调、反复提问、斥责他们没有记住书中的信息等。

我在为某基金会培训中碰到一个妈妈,抱怨带孩子阅读很头疼。她让4岁的儿子跟她一起读书,她读一句,要儿子也重复读一句,儿子很不愿意。在低龄阶段强迫儿童跟读可能导致他们厌倦阅读,结果会适得其反。恰当的做法是尽量让儿童感受到阅读的快乐,进而喜欢上阅读,最终能够主动阅读。

鼓励儿童自主选择感兴趣的图书

研究发现,拥有一定的自主性,人们做事情的动机会更强烈。儿童选择阅读的图书时也是一样,所以我们除了要给儿童推荐适合他们的图书，也应尊重儿童的兴趣、尊重他们的选择。尽管很难，会经常犯错，我们做父母的还是要经常反思这一点。

鼓励儿童向父母、伙伴分享书中信息

主动的语言表达有助于儿童发展自己的语言能力，同时分享的过程也是一个思想交流的过程。布兰斯福德等人[25]的研究发现，当学习者用外化表达方式分享讨论时，学习的效果更好，即使自言自语也比沉默的效果要好。因此在阅读的过程中，父母除了向儿童解释新词、概念的意思之外，也应邀请儿童主动分享他们的理解、想法。父母经常不知道如何跟儿童交流，其实聊聊书中的内容就是很好的交流方式。

学会阅读

讲解新词和概念，准确理解新信息

儿童掌握的概念越多，词语越多，所具有的关于世界的各种知识就越多，理解新信息的能力也越强。随着慢慢长大，他们接触到的新词也会越来越多。儿童接触的读物范围扩大，也会积累一些超出日常经验的新词。对于新词，父母要根据儿童的理解程度做一些讲解。另外，以前学习的词也会产生新的词义，也要对儿童进行必要的解释，不要想当然地认为，儿童跟我们一样理解这些词。儿童在理解词语时经常发生错误扩大或者缩小词语意思的现象，这就需要父母对儿童眼里的那些陌生词语做一些解释和说明。同时，新词和新概念的理解可

以带动儿童对已有知识进行联结。

适当引导儿童关注书中文字

父母或老师可以对书名、重点语句、重复词语和句子进行少量的示意和指读，引导儿童从关注图画到适当关注文字，慢慢增强儿童对文字的敏感性，为识字阅读打下基础。一些早期阅读研究机构发现，4~6岁的儿童将目光停留在自己熟悉的文字上的时间较之前增多了。这说明，他们开始意识到文字与语言之间的关系，认识到文字表达意义的作用。

适当引导儿童进行自主阅读

亲子阅读或者在幼儿园跟随老师阅读的时候，借助成年人的讲读，儿童能够接触丰富的世界，理解很多信息，但也会导致他们主动注意文字的时间减少。

有研究发现，同一年龄段的儿童，自主阅读时要比父母讲读时对文字的注意时间更多。为了引导儿童多注意文字，逐渐从图画阅读过渡到文字阅读，我们可以选择一些略微简单的图画书，引导儿童在多次阅读后能自己翻阅，或者是先让他们自己翻阅，然后再和他们一起进行边读边聊的分享式阅读。

反复阅读

这一阶段，儿童的反复阅读行为会非常明显。前面已经提到，第一次阅读一本新书的时候，儿童的视线主要聚集在与文本内容密切相关的主要角色和关键特征上；后续重复阅读时，视线会落在一些次要的细节上；幼儿园大班儿童在重复阅读时，视线会更多地落在文字上。这说明在不同的阅读过程中，儿童关注的信息是有差异的，阅读的次数越多，儿童获得的信息就越全面。研究发现，反复阅读非虚构类图画书对儿童的词汇习得、科学概念的掌握和理解能力的发展都有着积极的影响作用。

信息提取

引导儿童识别书中的重要信息和细节

每本书都有作者想要展示和表达的主要信息，也有次要信息，但每个人在阅读过程中都会因为自己独有的兴趣和经验而对书中的某些事物更关注、更有兴趣，这是确定的。所以我们要在理解儿童不同兴趣的基础上，特别关注作者想要表达的关键信息。在阅读过程中提醒儿童关注：作者反复在讲、重复在讲的是什么？前后连接、上下关联起来的信息是什么？因为这些可能是作者想要重点表达的信息。

引导儿童依据信息尝试做预测

这一阶段的儿童已经掌握了一些关于世界的知识，通过前期的阅读也了解了一些关于图书的知识。可以让他们通过书名、封面图片、标题等来预测一本书的内容和主题，从而发展儿童注意关键信息和合理推理的能力。

在阅读过程中，也可以偶尔停下来问：刚才书里讲了什么？接下来会讲什么？讲完这个，可能要讲什么了？比如，我们读《这样的尾巴可以做什么？》，在读完动物鼻子的介绍之后，问一问：接下来可能要讲动物身上的什么了？

引导儿童将书中的信息与生活联系起来

阅读与自己的现实经历有一定联系的故事或图书时，我们会激发更多的背景知识，投入更多注意力。一张是去过的风景地照片，一张是没去过的，看两张照片时我们的感受是完全不同的，因为熟悉的场景和信息会唤起我们更多的注意力，使大脑更多地"卷入"其中。艾瑞克森（Erickson）[26]等做的实验证实，观看完全新颖的刺激对大脑中临近的神经元没有什么影响，但是在观看了一天之后，临近的神经元的反应就会变得相似。在儿童开始阅读的初期阶段，我们可以选择与儿童过去的生活经验有一定联系的图书，也可以在阅读完一些新书后，跟儿童交流他们的相关经历。

引导儿童用自己的话复述内容

复述的时候，儿童需要对信息进行加工，对语言进行组织，同时，这也是一个发展思考能力的过程。研究发现，通过复述，儿童对概念和理论的理解更深刻，对细节的记忆也更清晰。

在《哈利波特与魔法石》中，哈利第一次跟着队长伍德学习魁地奇的时候，为了掌握魁地奇的规则，伍德讲述一个，哈利马上用自己的话重述一遍，最后自己总结出了几个关键规则：三个追球手争取用鬼飞球得分，守门员看守球门柱，击球手不能让游走球撞伤自己的队员。

当儿童回答问题或复述内容时，鼓励儿童使用以下方法：

- 尽量使用新学习的词语和语句；
- 用完整的句子表达；
- 使用一定的逻辑顺序，比如"先讲了……后讲了……最后讲了……"；
- 关注书中的主要信息，不漏掉关键信息；
- 复述时录音，完成后听一下自己的讲解，这也是增加他们阅读兴趣的一种方式。

引导儿童阅读图画书和艺术图书，感受艺术

研究发现，当分别注视鸟类和狗类的图片时，研究鸟类的专家注视鸟类图片比注视狗类图片时大脑被激活得更多，研究狗类的专家注视狗类图片比注视鸟类图片时大脑被激活得更多。儿童从环境获得的视觉图像信息会影响他们的视觉表达。威尔逊（Wilson.B）[27]等人对埃及和日本的12岁儿童的图画进行比较后发现，埃及儿童的人物画是静态的、不生动的，人物是悬空的；日本儿童的人物画是动态的、有活力的、复杂的，人物是站在地面上的，心形脸、大眼睛。我们可以推测出，他们分别受到了古代埃及壁画和日本漫画的影响。科学研究证实，大脑所受到的视觉训练影响了我们对图像的辨认，当我们日常体验的是具有一定美感的事物时，大脑里也会逐渐建立起对这些艺术形式的感知能力。图5-1是5岁的桐桐做的裙子配色和造型设计练习，这样的练习会帮助儿童发展对色彩和造型的感知、运用能力。

5岁的儿童已经能够感受和分辨音乐的风格、绘画的风格。他们也许叫不出这些风格的名称，但是可以把图画按照不同风格划分开，感受到图画所表达的情绪，也能分辨音乐的节奏，唱出不同情绪的儿歌。所以，每个儿童都有一定的感知和表达艺术的能力。

除了参观美术馆、艺术馆，欣赏真实的艺术作品之外，风格多样的非虚构类图画书、艺术欣赏类图书也可以帮助儿童发展艺术感知能力和艺术审美能力。

低幼儿童阅读的图书以图画书为主。故事类图画书除了通过文字讲述故事之外，还具有风格多样、高水准的视觉表达艺术。彩色铅笔、拼贴、油画、水粉、丙烯、剪纸、版画、纸塑、水墨、摄影等丰富多彩的媒介，让图画书成为"纸上艺术馆"。所以，阅读和观赏图画书可以帮助儿童培养审美能力，特别是对那些没有条件经常参观艺术展、美术展的儿童来说，图画书提供了便捷的机会。

图 5-1　桐桐手工作品

儿童可以通过图画书中的图画提高对图像的理解能力。在阅读时，我们不妨和儿童一起讨论图上画了什么，主要部分是什么，除了主要部分还有什么，各个部分之间的关系是怎么样的，看了这些图画你有什么感觉，为什么图画给你这样的感觉，等等。

信息整合

引导儿童简单概括书的内容和主题

尽管低幼儿童获取信息的时候表现出来的是更重视细节、单独的信息，但是他们并不是没有整体观念，只是在处理信息、概念和词汇掌握、语言表达方面可能还需要进一步发展。因此，在他们反复阅读一本书，对于书中的信息和内容比较熟悉之后，可以尝试锻炼他们从总体上概括一本书的内容和主题、整合信息、做出自己的阐释的能力。比如，讨论这是一本关于什么的书，这本书主要讲了什么。

反思评价

与儿童讨论他们对书中内容的感受和观点

作为检验与评价能力的初始阶段，可以尝试就书中传递的信息，与儿童讨论他们的感受、观点。比如，你喜欢不喜欢，你觉得书中说得对吗。

多提开放式问题。儿童的回答可能各式各样，因为他们是基于自己的理解，父母可以采取开放的态度，只要他们的回答符合逻辑就可以，重在鼓励他们表达、分享自己的思考和观点。

应用

鼓励儿童动手写、画

儿童从 3 岁开始就有比较成形的涂鸦，有时是画画，有时看起来很像是写字，这是艺术表达的萌芽时期，也是写字和符号表达的萌芽时期。父母应多鼓励儿童写一写、画一画。上海师范大学硕士史维诚的研究发现，自由涂鸦能够促进儿童在词汇、句型、结构、语言思维等方面的发展。著名语言学家、麻省理工学院教授乔姆斯基（Chomsky）指出，即使儿童阅读非虚构类图书时达不到阅读故事书那么高的水平，也同样可以进行一些写、画的活动。比如，画一棵简单的树、画出身边圆形的物体、画出家庭成员的关系图等，也可以让学龄前儿童用图画、自创的符号把自己理解和思考的内容表达出来。这样儿童就会逐渐明白，写出、画出的一些东西可以用来分享自己的想法，而用符号表达是提升阅读能力和写作能力的重要方法。

图 5-2 是美国一所幼儿园关于恐龙的主题研究：

图 5-2 关于恐龙的主题研究
（旬旬妈妈提供）

鼓励儿童读完书后观察以及动手实验

儿童通过感知学习，从而建立对世界的基本认知，所以应该多动手实验、测试。阅读完书上的内容，我们可以和他们一起做做看。特别是一些抽象的内容，可以动手演示帮助儿童直观地理解。

比如，阅读了关于太阳、月亮的图书，可以用灯泡代替太阳，演示白天和黑夜的形成。阅读了关于蚂蚁、蜗牛、野草的图书后，可以带儿童到草地上、花盆旁或者大街上观察这些动植物的生长与变化。阅读了关于种子的图书以后，可以带儿童观察种子发芽。阅读了关于五感的图书以后，可以带他们摸一摸、尝一尝、闻一闻不同的食物，体验感觉的过程。

鼓励儿童在生活中练习概念的使用

儿童在书中阅读和学习了专业概念之后，可以鼓励他们在生活中多加练习和使用。因为概念通常是对事物抽象本质的定义，可以在同类事物之间迁移使用。卡萨索拉（Casasola）[28]研究发现，4岁半的儿童在折纸的时候，如果能更多地使用一些与几何有关的词语，比如表示形状的三角形、四边形，表示方向的上边、左边，表示位置关系的水平、竖直等，那么他们的空间几何能力会比那些不使用专业词汇只单纯玩的儿童高。

元认知系统

鼓励儿童就书中的内容提出自己的问题

在元认知能力的初始发展阶段，可以鼓励儿童就自己不清楚的地方提出问题。通常来说，我们关心教给了儿童什么、儿童知道了什么，不太关心他们还有哪些不懂的地方。比如，小时候没有人问我"线针搁银"是什么意思，你是怎么理解的，你有什么不懂的地方。理解总是不那么完美的，也不可能一次就完成。所以要引导儿童，让他们意识到哪些是自己知道的，哪些是自己还不清楚的；在自己不懂的时候能提出问题，在父母或老师的帮助下能找到答案。比如，读完关于小鸡的图书，我们可以问问儿童关于小鸡有什么想问的，还想知道什么，有什么不明白的，等等。

尼古拉·鲁巴金

读书是在别人思想的帮助下，
建立起自己的思想。

第六章 7~9岁儿童的非虚构阅读

7~9岁儿童的认知能力
7~9岁儿童的非虚构阅读推荐书单
7~9岁儿童的阅读策略
自我系统
学会阅读
信息提取
信息整合
反思评价
应用
元认知系统

7~9岁儿童的认知能力

7~9岁是儿童进入学校开始识字和正式阅读学习的阶段。在语言方面,随着儿童在学校的学习,他们的读写能力逐渐提高,在三年级结束后,儿童基本可以发展出良好的独立阅读能力。

在7岁入学时,儿童对很多具体领域的知识虽然还有待于逐步掌握,但已经具备了基本的逻辑能力。而且78%的儿童能够理解事物的三元关系,比如长、宽和面积之间的关系。在坐标系中,这个阶段的儿童已经能够辨别水流的水平方向和铅垂的垂直方向。即使在画得不那么平行和垂直的坐标系中,9岁的儿童依然能够辨别水流的水平方向和铅垂的垂直方向,这说明儿童已经具有了很好的空间智能。

7岁的儿童能够分辨真实世界与想象世界,能解决二级信念问题。

让儿童听一个故事，故事中的一个人物没有意识到另一个人物已经知道物体位置的变化，但听故事的儿童能够理解这一点。

由于知识的积累，8 岁的儿童对外界充满了探索与探险的兴趣，可能会喜欢地理、世界各地的历史，但这也跟之前获取的信息和周围环境提供给他们的信息有关。但他们经常高估自己的能力。

美国心理学家罗伯特·塞尔曼（Robert Selman）认为，8~10 岁的儿童进入了自我反省的角色承担阶段。他们知道，即使得到了同样的信息，别人与自己的观点也可能不同；他们能考虑别人的观点，也认为别人有权坚持自己的看法。他们还会体验到内疚和羞愧等复杂情绪。

库恩（Kuhn）认为，儿童早在 7 岁时就能够意识到，知识是对世界的解释，但不一定是确定的真理。这种认识论的发展最早体现在个人喜好的领域，能够意识到每个人对事物都有不同的喜好，但是对"科学领域的观点也不一定是确定无疑的真理"这一点是比较难认识到的。库恩认为认识论分为三个阶段，第一是绝对的对错阶段；第二是可以有多种不同观点的多元论阶段；第三是尽管有多元的知识和观点，但是可以依据一定的标准和证据进行评估的评价主义阶段。周佶和李文玲的研究发现，大部分 3~5 年级的学生处于多元论阶段，处于第三阶段的评价主义者也在逐渐出现。

7~9岁儿童的非虚构阅读推荐书单

书名	作/译者	出版者
鸟类不简单	黄一峰 文/摄影 吴尊贤 审订	贵州人民出版社
手绘鸟类百科	［法］娜塔莉·陶德曼 著 ［法］朱迪丝·盖菲耶 　　朱利安·诺伍德 绘 章荣 译	北京联合出版公司
关于马的一切： 当马对你做鬼脸	［法］安托瓦妮特·迪伊 著 ［法］格雷瓜尔·马比尔 绘 李云 译	少年儿童出版社
遗憾的进化 （全2册）	［日］今泉忠明 编 王雪 译	南海出版公司
山顶上的一百万只牡蛎	［西］亚历克斯·诺盖斯 著 ［西］米伦·阿西亚因·洛拉 绘 施妤婕 译	中国民族文化出版社

（续）

书名	作/译者	出版者
迁徙：不可思议的动物之旅	［英］麦克·昂温　著 ［英］珍妮·德斯蒙德　绘 朱子云　译	北京联合出版公司
生命：万物不可思议的连接的方式	［美］米莎·布莱斯　著/绘 陈灼　译	江苏凤凰美术出版社
用两百万年斗蚊子	孙轶飞　著 王斌　绘	新蕾出版社
大脑历险记	［英］丹·格林　著 ［英］肖恩·西姆斯　绘 曹雪春　译	长江少年儿童出版社
DK儿童动物百科全书	英国DK公司　著 陈超　等译	中国大百科全书出版社
DK儿童恐龙百科全书	英国DK公司　编 邢立达　等译	中国大百科全书出版社
如何制作一个哥哥	［法］安纳斯·芙吉拉　著 曹扬　译	浙江教育出版社
DK儿童人体百科全书	英国DK公司　编著 郑伯承　译	中国大百科全书出版社
一颗莲子的生命旅程	陈莹婷　著 花青　绘	北京联合出版公司
如何把八米肠子装进肚子？	［法］阿兰·科科斯 　　　克里斯蒂娜·贝热尔　著 ［法］艾米莉·哈雷尔　绘 周燕　译	新星出版社

（续）

书名	作/译者	出版者
神奇校车（全20册）	[美]乔安娜·柯尔 文 [美]布鲁斯·迪根 图 施芳 译	贵州人民出版社
法国巨眼丛书（全56册）	法国纳唐出版社 编著 张雯琴 等译	中信出版集团
DK儿童自然环境百科全书	英国DK公司 著	中国大百科全书出版社
航空航天小百科	介于童书 著	江苏凤凰科学技术出版社
小牛顿科学馆（全30册）	台湾牛顿出版股份有限公司 编著	贵州教育出版社
发明博物馆（全4册）	[美]科温·布里格斯 著/绘 漆仰平 译	福建少儿出版社
万物的一天	[法]桑德利娜·米尔扎 著 法国地图绘工作室 绘 邢培健 译	电子工业出版社
科学有意思（全12册）	[美]吉姆·维斯 著 蔡和兵 译	晨光出版社
这不是一本数学书	[美]安娜·韦尔特曼 著 马昕 译	花山文艺出版社
李毓佩数学故事系列（全7册）	李毓佩 著	湖北少年儿童出版社

（续）

书名	作/译者	出版者
走进奇妙的几何世界	［英］格里·贝利 　　　费利西娅·劳　著 ［英］迈克·菲利普斯　绘 李耘　译	浙江教育 出版社
无处不在的数学 （全6册）	［英］罗博·考尔森　著 曲少云　译	湖南少年 儿童出版社
数学帮帮忙 （全25册）	［美］达芙妮·斯金纳　等著 ［美］杰瑞·史麦斯　等绘 范晓星　袁颖　译	新蕾出版社
汉声数学图画书 （全41册）	［美］明德尔·西托默 　　　哈利·西托默　等著 　　　汤米·狄波拉 　　　唐纳德·克鲁斯　等绘 汉声杂志社　译	天地出版社
给孩子的环保生态小百科	［法］德尔芬·葛林宝　著 潘雷　译	陕西人民 出版社
给儿童的未来科学书 （全2册）	［英］费利西娅·劳　等著 ［英］迈克·菲利普斯　等绘 陶尚芸　译	电子工业 出版社
它们是怎么来的	［加］比尔·斯莱文 　　　吉姆·斯莱文　文 　　　比尔·斯莱文　图 徐亮　译	四川少年 儿童出版社
为什么世界是今天这样的？	米高　著 恐龙迪娜　绘	北京时代 华文书局

（续）

书名	作/译者	出版者
DK万物运转的秘密	［英］大卫·麦考利 尼尔·阿德利　著 赵耀康　韦坤华　译	电子工业 出版社
地图上的地理故事 长江/黄河 （共2册）	一瓢　编著	山东省地图 出版社
小兔子的月球 之旅	［日］服部美法　著 ［日］县秀彦　监修 丁丁虫　译	青岛出版社
好奇号：一辆火星车的故事	［英］马库斯·莫图姆　著/绘 玉生烟　译	北京联合 出版公司
DK透视眼丛书 （全4册）	［英］迈克尔·约翰斯顿 莫拉·巴特菲尔德 路易萨·萨默维尔　著 ［英］阿兰·奥斯汀 克里斯·格里戈 凯斯·哈默 汉斯·简森　绘 谢崇实　译	北京少年 儿童出版社
它们是怎么工作的 （全2册）	法国纳丹出版社　编著 朱洁　译	北京科学 技术出版社
给孩子的历史奇迹 （全9册）	［英］大卫·麦考利　著 王志庚　余雯　刘勇军　等译	江苏凤凰 少儿出版社
给孩子的造物大书	［美］艾德伦·华森　著/绘 徐聪　译	长江少年 儿童出版社

（续）

书名	作/译者	出版者
让孩子爱上科学的实验趣味大百科	［日］学研教育出版　编著 林岚　林榕　译	浙江少年儿童出版社
探索交通：25个探究交通的创新活动	［美］阿妮塔·亚苏达　著 ［美］布赖恩·斯通　图 董海雅　译	上海科技教育出版社
探索天气：25个了解天气的趣味活动	［美］凯瑟琳·赖利　著 ［美］布赖恩·斯通　图 迟庆立　译	上海科技教育出版社
孩子看的编程启蒙书（全4册）	［日］松田孝　著 丁丁虫　译	青岛出版社
超级工程科学绘本（全3册）	田恬　曹慧思　徐凯　向上 中交三航院　著 张澎　管治国　绘	北京科学技术出版社
STEAM科学了不起	［英］罗布·贝迪　著 ［英］萨姆·皮特　绘 王晓军　译	新星出版社
天文星球：我的第一本太空知识绘本	［德］迪特尔·B·赫尔曼　著 ［德］维达利·康斯坦丁诺夫　绘 郭海琴　译	民主与建设出版社
水母花园	［意大利］宝拉·维塔利　著 ［意大利］罗萨娜·博素　绘 何文珊　译	译林出版社
地图的演变	［加］史密斯　著 刘颖　译	江苏凤凰美术出版社

（续）

书名	作/译者	出版者
一条街道的100年	［德］克里斯塔·霍尔泰 著 ［德］格达·赖特 绘 张晓静 译	新星出版社
神秘日志·木乃伊的诅咒	［英］杜嘉德·斯蒂尔 著 ［英］海伦·沃德 等绘 高源 译	北京日报出版社
人	［美］彼得·史比尔 编绘 李威 译	贵州人民出版社
驯鹿人的孩子	彭懿 文/摄影	接力出版社
改变世界的孩子	［英］玛西娅·威廉姆斯 著 张涵 译	湖南美术出版社
儿童历史百科绘本：音乐，流传千古的旋律	中国国家博物馆 著	人民邮电出版社
小鸡一世的冒险：我是谁？	［法］埃里克·施密特 著 ［比利时］嘉睿 绘 张雯琴 译	江苏凤凰美术出版社
写给孩子的哲学启蒙书（全6册）	［法］碧姬·拉贝 　　　米歇尔·毕奇 著 　　　雅克·阿扎姆 插图 潘林 王川娅 译	广西师范大学出版社
我与世界面对面	［法］奥斯卡·伯瑞尼弗 著 ［法］雅克·德普雷 绘 袁筱一 译	上海人民美术出版社

（续）

书名	作/译者	出版者
全世界都来给我讲故事：哲学童话（全6册）	［法］马里奥·于巴内　改编 子非门　译	新世界出版社
夫子说	郝广才　著 ［俄］欧尼可夫　绘	新星出版社
禅的故事（全4册）	［美］琼·穆特　著 邢培健　李耘　译	新星出版社
熊梦蝶·蝶梦熊	郝广才　文 ［俄］欧尼可夫　图	新星出版社
鱼儿水中游	郝广才　著 ［意］朱里安诺　绘	新星出版社
思考世界的孩子（全2册）	［法］阿内-索菲·希拉尔 　　　格温尼拉·布莱　著 ［法］帕斯卡尔·勒梅特尔　绘 刘夏　译	浙江少年儿童出版社
小哲学家的大问题	［瑞士］伊娃·佐勒·莫尔夫　著 杨妍璐　译	中国轻工业出版社
我不知道我是谁	［英］乔恩·布莱克　文 ［德］阿克塞尔·舍夫勒　图 邢培健　译	新星出版社
儿童哲学智慧书（全5册）	［法］奥斯卡·柏尼菲　著 　　　卡特琳娜·莫里斯　等绘 谢逢蓓　李玮　等译	接力出版社

（续）

书名	作/译者	出版者
妈妈，钱是什么（全6册）	［英］格里·贝利 著 ［英］迈克·菲利普斯 绘 陈薇薇 译	贵州教育出版社
小狗钱钱全彩漫画版（全3册）	［德］博多·舍费尔 著 ［韩］画树工作室 编绘 金福子 译	四川少年儿童出版社
大中华寻宝记（全20册）	孙家裕 编创	二十一世纪出版社集团
山海经（少儿彩绘版）	张步天 著 郭警 绘	接力出版社
青铜国	徐晓璇 著/绘	上海科技教育出版社
旅之绘本Ⅶ（中国篇）	［日］安野光雅 著	新星出版社
和爸妈游中国	黄宇 编著	明天出版社
建长城	许慧君 著 李叶蔚 绘	北京科学技术出版社
火车头	［美］布莱恩·弗洛卡 著 袁本阳 译	福建少年儿童出版社
船舶：手绘人类重大发明	［德］阿里·米特古驰 著 耿春波 译	电子工业出版社
字的童话（全7册）	林世仁 等编文 章毓倩 等绘	贵州人民出版社
爸爸的画：沙坪小屋	丰子恺 绘 丰陈宝 丰一吟 著	华东师范大学出版社

（续）

书名	作/译者	出版者
我的第一本汉字启蒙图画书	曹慧思　吕艳辉　著 韩建南　绘	北京科学技术出版社
365个艺术创意 （全3册）	［英］安娜·墨尔本　等著 谢梓童　等译	光明日报出版社
欢乐艺术博物馆 （全20册）	［比］卡特琳·德·杜伍　著	青岛出版社
儿童艺术博物馆：和孩子一起欣赏世界名画	［法］克莱尔·德·阿尔古　著 任真　译	人民美术出版社
儿童古典音乐绘本 （全16册）	［奥］马科·希姆萨　等著 ［奥］多丽丝·埃辛伯格　等绘 李小红　等译	北京科学技术出版社
热爱音乐的孩子	［法］尼古拉·拉菲特 ［法］贝特朗·菲舒　著 ［法］帕斯卡尔·勒梅特尔　绘 邓锟　译	浙江少年儿童出版社
镜子里的我们	［日］石川日向　著/绘 彭懿　译	新蕾出版社
盘中餐	于虹呈　著/绘	中国少年儿童出版社
剪了这本科学书 （全3册）	［英］伊萨贝尔·托马斯　著 ［英］尼卡拉斯·卡特洛　绘 霍芳　译	湖南少年儿童出版社
杯子就是杯子吗？	［日］佐藤大　著/绘 刘畅　译	海豚出版社

（续）

书名	作/译者	出版者
谁是谁·启发精选·世界名人传记（全16册）	［美］杰西·M.布莱利尔　等著 ［美］特德·哈蒙德　等绘 陈杰　等译	北京联合出版公司
神奇的小草	徐鲁　著 ［意大利］爱丽丝·科宾尼　绘	中国少年儿童出版社
无所畏惧：影响世界历史的50位女科学家	［美］瑞秋·伊格诺托夫斯基　著 小庄　译	接力出版社
一个酷爱数学的男孩	［美］德博拉·海利格曼　文 范黎渊　图 萝卜探长小贝壳　译	二十一世纪出版社集团
她们的故事	王叡　著　臧恒静　绘	北京联合出版公司
极地重生	［英］威廉·格利尔　著绘 邓逗逗　译	长江少年儿童出版社
伟大的探险	［英］阿拉斯泰尔·汉弗莱斯　著 ［加拿大］凯文·沃德　绘 唐立梅　译	中信出版集团

7~9 岁儿童的阅读策略

7 岁的儿童进入学校开始正式学习，正式识字、写字和阅读。另外，这也是发展兴趣，为思维、创新积累信息的阶段。此时，非虚构阅读仍然是帮助儿童扩展知识、激发个人兴趣的良好途径。很多人认为兴趣是天生的，但神经科学已经证实，兴趣是在外部环境的支持下发展形成的。8 岁之前，儿童愿意尝试任何新事物，所以这个时候应尽可能多地提供机会，帮助儿童形成自己的兴趣领域。同时，为了满足儿童成长过程中核心领域的发展需求以及个人独特兴趣领域的发展需求，请尽可能给儿童提供多样化的主题图书。

自我系统

选择合适的图书，激发儿童的好奇心和兴趣

随着识字能力的增强，知识的扩展，度过文字关的儿童进入了如

饥似渴的阅读阶段，对于世界的好奇心和问问题的能力突飞猛进。阅读一方面能够满足他们的好奇心，扩充他们的知识，另一方面也会促进他们的思维发展。通过与他人分享，还能发展他们的交流能力和自我效能感。

这一阶段的儿童，认知能力进一步提高，对更广泛的世界、未见过的事物、抽象的事物也产生了兴趣。带有插图的、清晰易理解的非虚构类图书，都能获得他们的喜爱。

鼓励儿童向成人分享书中信息

我们常说"沉默是金"，但是对于学习和思考来说，沉默不是金。一些研究发现，当我们在表达自己想法的时候会产生更多新的想法，因为这涉及思维的过程，思维通常以语言的方式来呈现，这个时候我们会得出比不说话的时候更多的想法、结论，甚至巩固已有的知识。同样，儿童向父母分享书中信息的时候，也是建立亲子关系，让儿童觉得自己很能干、很了不起的好时候，是增强他们自豪感和阅读动机的好时候。

陪读的成人要提出有难度的问题

在阅读过程中我们虽然进行了词句层面的思考和推理，但是语句之间或者文字背后的联系、意义，还需要另外的思考。当阅读完图书后，让儿童回答相关的问题可以检视他们是否理解了内容、是否进行了合理的推理。

相关的研究显示，老师提出有难度的问题，是帮助学生提高理解能力的有力措施。有意提出问题，促使儿童一边理解一边思考，能够锻炼他们的思考能力。思考的方法是可以教授的，但是每个人思考的过程是无法控制的，只有多多锻炼，多多使用"思考肌肉"，才能提高思考能力。问题的提出，需要老师或者父母掌握书中所涉及的大量专业知识；对非虚构类图书的多样性及其知识范围做到心中有数；能够识别出书中哪些部分对儿童来说是难以理解的部分，需要我们结合相关背景知识来讲解；哪些是儿童已经理解掌握的。

与同伴合作阅读

与同伴合作阅读的价值有很多，我把它放在"自我系统"部分，主要是因为合作阅读除了可以强化人与人之间的信息沟通之外，还会产生情感和情绪的交流，互相激发、互相促进，增强学习动机。

韦伯（Webb）[29]研究发现，在小组合作性学习活动中每个人要不断地观察、倾听、思考和理解别人的想法，并要解释自己的想法，这个过程可以将相关知识不断主动内化到自己的大脑中，因此学习效果会更好。所以，多利用课堂讨论和小组学习是很有必要的。当然，组织效果良好的合作性学习活动对老师来说是个不小的挑战。

在阅读过程中，这个年龄段的儿童可以多采用与同伴合作阅读的方式。比如，分别阅读不同的段落，向小组成员介绍和概括获得的信息，包括交流对某个观点的思考、提出自己的猜测和推断以及发表小组的成果等，都是很好的方法。

合作阅读过程中包含提取信息、整合与阐释等策略，但是考虑到同伴的价值感、情绪反应等因素，便将其放在了"自我系统"中。但是还要再次强调，所有知识分类、学科划分以及阅读策略都是按照某个标准对事物的简化处理，其实它们之间存在一些交叉和混合的部分。

学会阅读

明确科学概念的含义，强调新词的掌握

在普及了日常概念之后，科学概念也会逐渐出现在非虚构类读物以及课本中。接触新词和科学概念时，要放慢阅读速度，准确理解它们的含义，并复习巩固，或者反复阅读，以加深对文章内容的理解程度。因为词语的"解码"能力是影响阅读理解的重要因素。在我们对儿童阅读理解能力的评估中发现，当一篇文章中儿童认识的词语低于90%时，他们对文章的理解会受到限制。原因很明显，如果很多词都不认识或者关键词不认识，怎么能谈得上对文章的准确理解呢。同时，儿童应该学会利用上下文猜测新词的词义。另外，对于科学概念的含义，需要反复阅读和理解，对于科学定义中的每个词，也需要认真思考其意义，以达到对概念的准确理解。

芭芭拉（Barbrara）和史密斯（Smith）[30]调查了278名学生掌握

新词的能力。通过对比在阅读虚构类故事书和非虚构类图书后掌握词语的情况发现，如果将对词语的强调和学习融入阅读中，那么不管是什么类型的图书中出现的陌生词语，学生都能很好地掌握，但是如果只是在阅读中接触到词语而没有特意学习，那么学生从故事书中学到的词语要比从非虚构类图书中学到的多一点。这很可能与非虚构类图书中出现的词语更偏科学概念有关。所以，在非虚构阅读时如果遇到陌生词语，应该通过反复阅读等方式帮助儿童强化科学概念，以达到学习目的。

边读边做注释

在阅读过程中，我们会一边看着字词，一边调动大脑里的背景知识来进行理解、联想和推理。所以，我们可以帮助7~9岁的儿童养成边阅读边做注释的习惯，让他们记录和整理自己的思考、疑问，以便加深理解。可以做的注释包括：

- 画出文章中的关键词、关键信息、主题句；
- 标记出文章中的重要观点；
- 画出有疑问的地方，写出自己的疑问；
- 标记自己有所思考的地方，写出自己的思考内容。比如，这部分中哪些地方是最重要的？关于这个话题，作者想让我知道什么？这部分有什么有趣的地方？我还有什么问题？

利用图画和文章特征帮助理解

前面提到，低幼儿童就已经具有了利用线索进行推理的能力，从而理解生词。在阅读的时候遇到难以理解的部分，他们其实已经有能力利用书中的信息进行推测。这种能力已经在生活中自发形成了，一般情况下无须特别指导就能自动运用。但是，这一阶段的儿童处于识字的初始阶段，阅读过程中会遇到不少生字生词，而且他们的阅读范围也扩展到了很多自己不太熟悉的领域，所以会遇到一定的困难。

我们在这里提出并强调利用文章特征帮助理解的目的，是提醒儿童在阅读中遇到困难的时候记得使用这种策略。比如在一段文字中，儿童遇到的陌生概念很多，难以一一推理和猜测出来，我们就可以提醒儿童运用图画来辅助推理。再比如儿童的文字阅读能力发展缓慢的时候，需要借助更多的简洁直观的图表或者图片线索来帮助理解，我们可以鼓励儿童有意识地寻找和运用这些线索。此外，还可以利用文章特征以及文中的标题、黑体的关键字词、备注文字等帮助儿童理解和掌握更多细节。

适当扩展领域信息

对新信息的记忆程度影响最大的是我们对这些信息的熟悉程度。相同的新内容，对于熟悉这一领域的人来说，很容易就能记住，对于不熟悉这一领域的人来说，记忆就难一些。如果我们多阅读某一领域的信息，对这一领域的新知识就能理解和接受得更快。所以对于儿童感兴趣的领域，不妨立刻扩展阅读范围，帮助他们积累更多信息。比如我认识的一个 7 岁的昆虫小专家，只要他看一眼地上的蚂蚁，就知道这只蚂蚁属于哪个亚科哪个属，有什么特点。

怎么做到进一步扩展领域信息呢？可以多问：你还想阅读哪些关于这个主题的图书？你还可以找到哪些信息？关于这个主题，科学家又进行了哪些研究？最新的研究成果是什么？

反复阅读

此策略前文已详细讲解，参见本书第 109 页。不再赘述。

信息提取

运用 KWL 法梳理文章内容和信息

这个阶段，在阅读中积累具体的知识和信息仍然很重要。阅读时要提醒儿童关注文章中的关键细节，并在完成阅读后回答相关细节信息的问题。加拿大某些学校推荐使用 KWL 表格（见表 6-1），即我知道（Know）、想知道（Want）、我学到（Learn）这三个步骤来概括文章的主要内容和关键信息。在阅读之前填写前两列空格，阅读之后填写第三列空格。

表 6-1　KWL 表格

我知道	想知道	我学到

利用图表概括文章信息

为了更清晰地理解文章中的信息，可以在阅读文章的同时，和儿童一起通过制作一些恰当的"视觉图"来整理信息。比如，事物异同对比图（见图 6-1）、观点和证据图（见图 6-2）、事物发展流程图、可能性分析鱼骨图等。这样直观、清晰的内容呈现便于儿童记忆和思考。

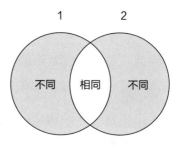

图 6-1　事物异同对比图

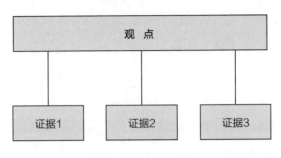

图 6-2　观点和证据图

但是我们要明白，这些图表只是帮助理解信息和分析信息、展现思维过程的一个工具而已，并不是深刻思考之后的某个重大成果。

根据文中的信息直接推论

这要求儿童认真阅读文章，从文章中直接找到事情发生的原因和结果，以解释历史事件、科学想法或者事件发生过程等，能够就文章的内容直接推论。

我们通过下面的例子来说明什么是直接推论。

1928年，英国科学家亚历山大·弗莱明在实验研究中最早发现了青霉素，但由于当时技术不够先进，弗莱明并没有把青霉素单独分离出来。于是他将青霉菌菌株一代代地培养，并于1939年将菌种提供给准备系统研究青霉素的病理学家霍华德·弗洛里和生物化学家厄恩斯特·钱恩。通过一段时间的紧张实验，弗洛里、钱恩终于用冷冻干燥法提取了青霉素晶体。之后，弗洛里在一种甜瓜上发现了可供大量提取青霉素的霉菌，并用玉米粉调制出了相应的培养液。在这些研究成果的推动下，美国制药企业于1942年开始对青霉素进行大批量生产。

由以上段落，我们可以直接推论出：青霉素的大批量生产离不开弗莱明、弗洛里和钱恩的共同努力。

信息整合

用自己的话解释概念和理论

此策略与前文（见本书第130页"讲解新词和概念，准确理解新信息"）类似，不再赘述。

将文字内容可视化

可视化就是在阅读过程中，根据自己以往的经验，将文字信息在大脑中转化成视觉图像。对某些儿童来说，纸上的文字可能是非常抽象的东西，不会在大脑中形成图像，也不会创造出其他类型的感官图像。教会儿童在大脑中形成或创造感官图像，有助于他们将词语转化为更高层次的概念。

可以提问"告诉我，你现在看到了什么""你想到了什么"，以帮助儿童将阅读内容可视化。另外，鼓励儿童与同学交流或者参与班级讨论，可以触发他们在大脑中进行可视化处理。例如，讨论对陌生词语的理解、书中描绘的场景，或之前看过的图书、图片、视频节目等。

确定段落的主题句，理解文章的意义

我们对信息的加工并不是完美的。每个人的背景信息和知识图式不同，导致对文章内容的理解存在深浅差异。那么，我们如何帮助儿童比较全面地理解文章内容，特别是长篇文章呢？

完整的文章是通过不同的段落组织起来的，每个段落一般会表达相对完整的意义。所以我们可以帮助儿童通过认真阅读每个段落和章节的内容，查找其中的关键语句，概括每个段落的意义和观点，最后综合思考整篇文章所要表达的观点。

找出文章的观点，区分事实和观点

非虚构类读物旨在传递真实、客观的信息，但是这些信息背后会明显或者不明显地存在作者的观点。因此非虚构阅读的一个重要目标，就是要对文章内容进行分析，确定作者描述的观点和事实。阅读时，找出文章中的关键信息、主题句，明确哪些是被大家共同承认的事实，哪些是作者发表的个人观点或对事物的态度、情感。区分观点和事实，避免把作者的观点混同为事实而毫无保留地接受。

如何区分事实和观点？事实，一般是指大家公认的确定的信息，比如地球是圆的、糖是甜的等。观点是指不同的人对事物的看法，比

如，我不喜欢吃糖，因为太甜。有人认为应该鼓励企业之间的竞争，有人赞成市场应该被保护，减少竞争可以增加企业的长期投入。这些都只是观点，在某些条件下是对的，而非绝对正确的事实。

反思评价

对同一主题的多篇文章进行对比阅读

对于儿童感兴趣的主题，我们可以帮助他们阅读同一主题的多篇文章，分析重要的观点、关键的细节、描述的顺序、作者的情感与观点等方面的相同和不同之处。

对比阅读还有以下价值：在一段时间内集中阅读某个主题的内容，能够有效加强相关知识的联结，加深记忆，因为影响记忆最主要的一个因素就是在相关领域内具备知识的多少；通过某一领域的专门阅读，能够快速全面地理解该领域内的思想和知识，形成框架性思考。

以我个人的经历为例，当我围绕儿童阅读领域，广泛地阅读了认知科学、心理学、文艺理论、哲学等领域的相关图书、论文、研究成果之后，我对于儿童阅读相关的问题就有了更为全面和综合的认识。

思考自己得出结论所依据的信息

当我们从文章中得到一些结论时，还应该思考我们得出结论所依靠的证据。比如，我们阅读一篇关于蜜蜂的文章，认为蜜蜂对于植物很重要，那么就要从文章中找出，我们是怎么知道蜜蜂对植物很重要的。同时对于文章中没有明确说明的信息，不能轻易给出结论。这有助于发展儿童的反思与评价能力。

应用

与他人分享信息

不管是从科学发展的本质的角度看，还是从满足个人分享与交流的愿望的角度看，阅读后通过口头、书面或者视频的形式进行交流、表达与分享，都是非常重要的。比如，撰写简单的观察日记、调查报告、信息公告，发表演讲，陈述自己的理由以说服别人，制作视频或者实物模型来展示自己的观点、思考与创意，等等。随着儿童学习时间的增加，在学校正式分享信息越来越重要。当然，此时依然需要保持在家庭中与父母分享信息。

动手写、画，动手实验

书上说的是真的吗？我们能试着做出一样的结果吗？怎么做呢？我们可以鼓励儿童按照书上说的，亲自动手来检验作者说的是不是准确。

布卢门费尔特（Blumenfelet）[31]的研究表明，在真实情景中的学习最有效。只有在有意义的情景中获得信息，应用这些知识，才能对概念产生更好、更准确的理解，而且将其与先前的知识经验建立起关联的时候，才是最有效的学习。我们可以在时间成本和物质成本可承受的范围内创造机会，让儿童可以动手操作与图书内容相关的实物材料。

低年级也可以进行调查研究吗？是的。比如对家里宠物的研究、有关小区住户的研究、有关垃圾分类的研究等，都是可以的。大到宇宙观测、小到一根针，都可以研究。这个年龄的儿童动手能力进一步增强，很多小的实验都可以尝试。为了让儿童体验考古挖掘，我曾经把啃干净的猪蹄重新拼好埋起来，然后带他们去"挖掘"，一边挖一边猜这是什么，通过拼凑→猜测→修正猜测来发展儿童的科学探索能力。

另外，对科学实验的内容进行记录、写作并将成果发表，也是非常重要的练习。贝兹（Paez）[32]研究了英语国家二年级学生进行信息类写作的可能性，他认为信息类写作对于二年级学生是一种完美体验，因为"没有人比这一时期的儿童对世界的运作更加好奇，也没有人比儿童更渴望告诉你，他们手头上某个主题的无数有趣事实"。

尝试建立模型

事实上，儿童本身就具有建立模型的能力，因为他们已经具有了意义表征的能力，也就是用一些物品假装来表达别的意思。比如他们玩的游戏"过家家",就是不同的人扮演不同的角色,用假装的物品表示生活中的场景等,这就建立了"家庭模型"。

通过将书中的信息转化为模型,儿童可以更好地理解信息、事物之间的关系和系统概念。

元认知系统

利用有声思维集中注意力或者展示思考过程

有声思维是指思考和解决问题的过程中,通过语言把思考表达出来的方法。有声思维既可以运用在儿童阅读过程中,也可以运用在父母向儿童示范的过程中,以帮助儿童集中自己的注意力,持续思考。比如,通过"我们先看看画上画了什么,再看看旁边的文字""文章的题目里有哪些重要的词""没看懂要再读一遍"等,提醒儿童注意关键信息。

陪读的老师或父母可以在重要的地方、有疑问的地方暂停,然后把自己此时此刻想到的内容说出来。比如"看到这个词,我想起来……""这个地方我没明白,先往下读吧""我记得另一本书也写过……不太一样的地方是……"。运用这种方法,我们可以部分展示自己的思考过程,帮助儿童学习如何在阅读中联想、预测、推理,建立思考意识。

就阅读内容自我提问

科学家认为，科学的发展不在于解决了多少问题，而在于提出了多少新问题。可见提出问题非常重要。只有提出了新问题，才能将人们的认识推向新高度和新领域。提出问题，是人们进一步探索世界的动力之源。

弄清楚了文章中的知识后，儿童还可以进一步发问：关于文中的内容，我还想知道什么？还有没有别的问题？还有没有别的原因？还有没有别的影响因素？还有其他没解决的问题吗？ 也许这些问题不能马上得到答案，但是鼓励他们问出恰当的问题，学会问问题，是寻找答案的开始。

我们前面讲了加拿大某些学校推荐使用 KWL 表格，而美国某些小学推荐采用 "了解（Know）、想（Want）、做（Do）、问（Question）" 这四个步骤，我觉得更全面。

了解（Know），就是知道了什么，弄清楚了书中的主要知识是什么。想（Want），就是还想知道什么。做（Do），即做一做，作者说的是真的吗？我们能试着得到一样的结果吗？怎么做呢？然后按照书上说的，亲自动手，来验证其是否正确。问（Question），提出问题，这一条尤其重要。弄清楚书中讲解的知识后，我们还可以进一步提出疑问：还有没有别的问题？还有没有别的原因？还有没有别的可能？还有没有别的影响因素？还有没有其他没解决的问题？

读书是在别人思想的帮助下,
建立起自己的思想。

徐光启

理不明不能立法,义不辨不能著数。

第七章 10~12岁儿童的非虚构阅读

10~12岁儿童的认知能力
10~12岁儿童的非虚构阅读推荐书单
10~12岁儿童的阅读策略
自我系统
学会阅读
信息提取
信息整合
反思评价
应用
元认知系统

10~12 岁儿童的认知能力

随着自身的成熟和小学低阶段的强化学习,儿童关注世界的广度和理解世界的深度都增加了。

这一年龄段儿童的注意力分配、策略使用、抽象思维能力等各方面都有了飞速发展。喜欢规则和逻辑,希望事物的原理符合科学解释,喜欢科学探索。概念分类、抽象概括、比较、判断、推理等抽象思维能力显著提高。具有一定的理解事物本质的能力,能够区分有生命和无生命的物质,运用语言进行逻辑表达的能力还在逐步发展中。中国科学院心理研究所冯申禁等人在1980年调查小学儿童的词语概括能力后发现,8~9岁的儿童与11~12岁的儿童在抽象概括能力方面差异显著,儿童的抽象概括能力在5年级时快速提升,不过这一能力会受到学习和教育等相关因素的影响，使其不再对新事物保持之前的开放态度，创新想法减弱，甚至会忘记如何使用创造力。

在个人发展方面，他们逐渐脱离了以自我为中心，看待问题多了一些客观角度。美国心理学家罗伯特·塞尔曼（Robert Selman）的研究发现，10岁以上的儿童具有第三方观点采撷能力，也就是能想到第三方会如何看待自己和另外一个人的行为与表现，有强烈的正义感和道德准则。

10岁的儿童能够意识到不同的人在能力上存在差异，不再相信只要努力就能达成目标。许多儿童会有自尊心和自我价值感降低的情况。

在这一阶段，儿童个人的兴趣爱好逐渐展露出来，在某些领域的阅读广度和深度都有所发展。如果有机会接触丰富的资源，他们就能够通过阅读来发展自己在某些领域的兴趣。我们要协助他们锻炼媒体素养，让其了解信息是如何传递的。

此时也是前青春期阶段，第一性特征和第二性特征逐渐出现，他们会关注自己身体和相貌的变化，并感到新奇和困惑。

另外，10~12岁的儿童集中注意力的时间也增加到了25分钟。

10~12岁儿童的非虚构阅读推荐书单

书名	作/译者	出版者
你真这样想?! 关于大脑的奇妙问答	[德]米歇埃尔·马德加 卡加·耐尔 文 [德]扬·冯·赫勒本 策划/摄影 王怡 译	新星出版社
我的秘密我了解!	[法]戴尔芬·果达尔 娜塔莉·威尔 著 [法]斯提芬·尼古勒 绘 姜珂 程少华 译	山东科学 技术出版社
物种起源(少儿彩绘版)	苗德岁 著 郭警 绘	接力出版社
可怕的科学 (全72册)	[英]尼克·阿诺德 等著 [英]托尼·德·索雷斯 绘 木沐 译	北京少年 儿童出版社
有趣的科学 (全9册)	[英]罗伯特·温斯顿 等著 文星 等译	科学普及 出版社

（续）

书名	作/译者	出版者
奇趣大化学	[英]汤姆·亚当斯　文 [英]托马斯·弗林萨姆　图 荣信文化　编译	陕西人民 教育出版社
从小爱科学：有趣的物理 （全16册）	金修京　等文 刘畅畅　等图 沈丹丹　等译	湖南少年 儿童出版社
令孩子惊奇的72个 科学异想	[美]罗伯特·埃利希　著 李毓昭　译	中国海关 出版社
少年时	小多（北京）文化传媒 有限公司　编著	广西教育 出版社　等
中国鸟类图鉴	赵欣如　主编	商务印书馆
我的科学图册 （全6册）	[西]Sol90公司　著 林十之　译	四川少年 儿童出版社
大嚼科学 （全8册）	张智丰　张奕　等著	明天出版社
不可不知的科学	[英]约翰·范登　著 [英]罗伯·贝第　绘	长江少年 儿童出版社
斐波那契的兔子： 改变数学的50个发现	[英]亚当·哈特-戴维斯　著 杨惠　译	天津科学 技术出版社
时间线：给孩子的 全球小史	[美]世界图书出版有限公司　著 周常　译	中国大地 出版社
HOW & WHY美国经典 少儿百科知识全书 （全13册）	[美]世界图书出版公司　著	广西科学 技术出版社

（续）

书名	作/译者	出版者
写给小学生看的相对论（全4册）	［日］福江纯 著 ［日］北原莱里子 绘 肖潇 李秀芬 译	北京科学技术出版社
中国儿童太空百科全书·中国航天	《中国儿童太空百科全书》编委会 编	中国大百科全书出版社
世界：我们的历史（全4册）	［英］约翰·范登 著 ［英］克里斯蒂安·科尔尼亚 绘 林正锦 译	民主与建设出版社
看得见的文明史（全12册）	［英］菲奥纳·麦克唐纳 等文 ［英］约翰·詹姆斯 等图 刘勇军 等译	知识出版社
地球通史	［英］克里斯托弗·劳埃德 帕特里克·斯基普沃斯 文 ［英］安迪·福肖 绘 空桐 李彦青 译	江苏凤凰少年儿童出版社
中国通史	绿茶 杨早 文 林欣 绘	江苏凤凰少年儿童出版社
中国国家博物馆儿童历史百科绘本（全5册）	巴娜娜 等文 赵梦雅 等图	人民邮电出版社
写给儿童的中国地理（全14册）	陈卫平 陈雨岚 王存立 刘兴诗 等著	新世界出版社
我的第一本地理启蒙书	郑利强 著 段虹 绘	新世界出版社

（续）

书名	作/译者	出版者
万物简史 （少儿彩绘版）	［英］比尔·布莱森　著 严维明　译	接力出版社
设计之书	［波］艾娃·索拉兹　文 ［波］亚力山德拉·米热林斯卡 　　　丹尼尔·米热林斯基　图 江钰洁　译	清华大学 出版社
写给所有人的编程思维	［英］吉姆·克里斯蒂安　著 于应机　李阳欢　林佳　译	北京日报 出版社
给女孩的身体书	［美］凯莉·邓纳姆　著 ［美］劳拉·塔拉迪　绘 张越　译	中信出版 集团
101个神奇的实验 （全4册）	［德］安提亚·赛安 　　　艾克·冯格　著 ［德］夏洛特·瓦格勒　绘 谢霜　译	少年儿童 出版社
顽皮博士的科学实验 （全10册）	［日］板仓圣宣　福岛昭雄 　　　井藤伸比古　汤泽光男　等著 杨延峰　等译	长江少年 儿童出版社
德国小学生最喜欢的 111个科学小实验 （提高版）	［德］玛蒂娜·吕特尔　著 闫健　译	中国铁道 出版社
少年工程师：给孩子们的 189个经典制作方案	Popular Mechanics《大众机械》　编 孙洪涛　译	中国青年 出版社
一条线看懂人类玩具	赵牧野　编 竟仁文化　绘	人民邮电 出版社

（续）

书名	作/译者	出版者
机器人百科	［美］布伦娜·马洛尼 著 彩云小译 何永振 译	未来出版社
一住一万年 （全3册）	冯果川 张莉 著	新星出版社
国富论 （少儿彩绘版）	李晓鹏 著 王滢 绘	接力出版社
10岁开始的经济学 （全6册）	［日］泉美智子 文 ［日］佐藤直美 绘 唐亚明 译	中信出版 集团
牛奶可乐经济学 （全3册）	［美］罗伯特·弗兰克 著 闾佳 译	北京联合 出版公司
小岛经济学	［美］彼得·D.希夫 安德鲁·J.希夫 著 胡晓姣 吕靖纬 陈志超 译	中信出版社
孤独星球·你所不知道 的世界 （全8册）	［英］克雷·兰普雷尔 等编著 雷文欣 等译	海燕出版社
与女科学家面对面： 成为你自己	赵永新 著	东方出版社
美国心理学会儿童情绪 管理丛书 （全6册）	［美］唐·许布纳 著 ［美］邦妮·马修斯 绘 秦丹萍 译	新星出版社
儿童成长减压书 （全6册）	［法］弗朗索瓦丝·布歇 著 刘婷 译	中国大百科 全书出版社

（续）

书名	作/译者	出版者
博物馆里的中国（全10册）	宋新潮　潘守永　主编	新蕾出版社
写给儿童的中国历史（全14册）	陈卫平　著	新世界出版社
林汉达中国历史故事集（全5册）	林汉达　编著	中国少年儿童出版社
少年读史记（全5册）	张嘉骅　编著 郑慧荷　绘	青岛出版社
中国历史地图绘本	《中国历史地图绘本》编委会　编	中国大百科全书出版社
地图里的中国：带着问题去旅行	斯塔熊文化　编/绘	山东省地图出版社
我就是我	德国艺术家联盟　著/绘 黄晓晨　译	人民文学出版社 天天出版社
我的第一本哲学启蒙书（全2册）	［日］河野哲也　等著 田梦凡　译	四川文艺出版社
苏菲的世界	乔斯坦·贾德　著 萧宝森　译	作家出版社
时间的四个方向	［波兰］伊娃娜·奇米勒斯卡　著 骆曙文　译	新星出版社
101个有趣的哲学问题	［英］马丁·科恩　著 伍中友　译	新华出版社

（续）

书名	作/译者	出版者
贾德哲学启蒙少儿书系（全7册）	［挪］乔斯坦·贾德 著	接力出版社
中国古代思想家的故事（全10册）	刘书刚 冯坤 等撰文 杨永青 赵文元 顾曾平 袁辉 等绘图	人民文学出版社
童话庄子·逍遥游	萧袤 著 李广宇 绘	济南出版社
老子说	蔡志忠 编/绘 ［美］布莱恩·布雅 译	现代出版社
漫画儒家思想（全2册）	蔡志忠 编/绘	海豚出版社
圣经的故事	［美］亨德里克·威廉·房龙 著 邓嘉宛 译	浙江文艺出版社
希腊神话	［俄］尼·库恩 著 朱志顺 译	上海译文出版社
艺术之眼	美国国家艺术馆 著 陈阳 译	北京联合出版公司
讲给孩子的中国艺术史（全3册）	宁强 著	现代出版社
中国名画绘本（全3册）	曾孜荣 编著 王希孟 张择端 顾恺之 绘	北京联合出版公司
兰亭序	叶露盈 绘 吴菲 著	中信出版集团

（续）

书名	作/译者	出版者
写给孩子的艺术入门 （全8册）	［法］布律诺·吉内等 著 周玥 等译	新星出版社
美术馆全知道	［捷克］安德鲁·赫罗巴克 罗斯蒂斯拉夫·克里卡耐克 马丁·瓦内克 著 ［捷克］大卫·博姆 伊里·弗兰塔 绘 王志庚 王景睿 译	贵州人民 出版社
写给儿童的人文小百科 （全10册）	陈卫平 主编	安徽少年 儿童出版社
写给孩子的名人传 （全8册）	邹凡凡 著 王可 绘	江苏少年 儿童出版社
那爷爷讲国宝的故事 （全10册）	那志良 著	贵州教育 出版社
成语故事 （全20册）	中国教育科学研究院学前教育 研究中心 编	教育科学 出版社
大国重器：图说当代中国 重大科技成果	贲德 主编	江苏凤凰 美术出版社
我要去故宫 （全20册）	故宫博物院宣传教育部 编著	中信出版社
五千年良渚王国	刘斌 余靖静 著 曾奇琦 绘	浙江少年 儿童出版社
别逗了，费曼先生！	［美］理查德·费曼 拉尔夫·莱顿 著 王祖哲 译	湖南科学 技术出版社

（续）

书名	作/译者	出版者
这样的鲁迅	阎晶明　著	北京少年儿童出版社
孔子的故事	李长之　著	人民文学出版社
居里夫人的故事	［英］埃列娜·杜尔利　著 二栗　译	江苏少年儿童出版社
科学改变人类生活的119个伟大瞬间	路甬祥　主编	浙江少年儿童出版社
贪玩的人类	老多　著 郭警　绘	湖南少年儿童出版社
威尔逊讲大科学家	［美］格罗夫·威尔逊　著 王敏　译	新世界出版社
精英职业趣味百科 （全10册）	［韩］朴址荣　金赞镐 　　　金昌龙　等著 ［韩］李宇逸　李康熏 　　　李敬锡　等绘 吴荣华　译	长江少年儿童出版社
日记背后的历史 （全8册）	［英］卡罗尔·德林克沃特　等著 安琪　译	人民文学出版社
中华先锋故事人物汇 （共三辑）	葛竞　汤素兰　等著	接力出版社

10~12 岁儿童的阅读策略

自我系统

成人提供合适的图书,激发和保持儿童的兴趣

通过前一阶段识字和阅读的学习,10~12 岁的儿童基本上都能进行自主阅读了。另外,他们已经初步积累了一些关于世界的知识,眼界从身边的世界扩展到了更广阔的范围,想要了解世界的兴趣和动机也进一步增强。这时候,我们应该根据儿童不同的能力和阅读经验,提供不同难度和复杂程度的读物给他们,激发他们对于自然科学和社会科学的兴趣。

自然科学和社会科学的内容,既满足了小学高段学生的好奇心,也满足了他们多维观察和思考新观点的需求。日常生活中出现的科学技术和社会文化现象,都能唤起他们的好奇心。这时,我们要鼓励他们多多提出问题,并协助他们寻求答案。

鼓励儿童自主选择感兴趣的图书

前面提到，即使是同一件事，仅仅因为有选择的权利或是自己主动做出的选择，在做事时也会更加主动和负责。对于某些较早开始阅读的儿童来说，到这一阶段可能已经发展出了明显的兴趣方向，对这一领域的图书会更加关注和了解。父母不妨做个"甩手掌柜"，让儿童自己点名买书。当然，儿童不曾涉猎的领域，父母还是要帮他们补充，但是依然要给他们一定的选择权。

陪读者提出有难度的问题

前面提到，教师或者父母提出有难度的问题是帮助儿童扩展知识、发展思维能力的重要策略。特别是当儿童因为早期阅读与学习而具有较为丰富的基础知识时，教师和父母更应该跟上，这有利于激发儿童更加专注地投入阅读与思考。

与同伴合作阅读

此策略前文已详细讲解，参见本书159页，不再赘述。

学会阅读

准确理解科学概念

在非虚构阅读中，10~12岁的儿童遇到定义、概念时，要注意逐字逐词认真阅读，通过文中的解释、上下文或图标，清晰和准确地理解其含义。要清楚概念产生的背景、理解概念的内涵和外延，并能够举例说明。而涉及概念纠错时，有些儿童并不能顺利地理解新概念，需要运用多种方法逐步纠正旧有的错误概念。

陪读的父母或老师应该对现代科学知识和实践应用有一个基本的认知，对儿童头脑中原有的一些错误概念有大致的了解，这样才能及时指出他们的错误概念，并对学科中重要的科学概念、科学思想及其应用做出正确的解释说明。

整理信息并做笔记

如果阅读有深度、有价值的图书或资料，就要标出文章的重要观点以及自己不懂或者困惑的地方，写出评价或联想到的其他事情等。这有助于儿童保持阅读专注力，发展思考能力，更好地理解和检视所读的内容。同时可以将重点、关键信息整理出来，做成浓缩的知识点笔记，便于复习、查阅。

反复阅读

此策略前文已详细讲解，参见本书第 109 页。不再赘述。

信息提取

根据文中的信息直接推论，或者处理隐含信息

随着阅读材料的复杂程度增加，专业词汇、科学概念的密度增加，语句长度增加,逻辑严谨程度增加,儿童阅读过程中首先要做的就是提取信息,能够根据文章内容直接寻找信息,对没有直接表达的隐含信息也能够经过简单思考而找出来。

文字视觉化或者视觉文字化

人类的思维过程主要分为两种:一种是以语言、文字为载体的语言思维,一种是以视觉图像为载体的视觉思维。文字、图像以及符号等多种表达形式之间的灵活转换,有助于儿童更好地理解信息。文字视觉化就是将文字表达的信息转换成图表等视觉信息,进行视觉化处理。文字并不是天然存在的,人类的大脑处理文字时需要经过一个转换的过程,相比之下图表更为直观,所以将复杂的文字转换为视觉图像后,儿童更容易理解和进一步思考。另外,这个年龄段的儿童也要注意培养将图表等视觉图像转化成文字的能力,这也是提取信息的过程(见图7-1)。

如图7-1,小朋友将信中的文字用图画来表示,画中有字,字中有画。

鼓励儿童在某一领域的深入阅读中学习

阅读的过程也是思考的过程。当我们遇到不符合逻辑的信息时,会花更多时间思考,而符合逻辑的信息可能就会进入我们的记忆。通过阅读专业书籍,我们就可以掌握某些领域的知识,这样的例子不胜枚举。

第七章 10~12岁儿童的非虚构阅读

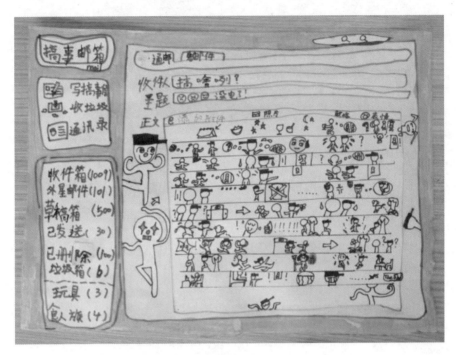

图 7-1 一封信（徐子怡/绘）

10岁以上的儿童已经能够独立自主阅读，也能够阅读有一定难度的图书，逐渐进入从阅读中学习知识的阶段。他们可以直接从所学的资料中获取信息，积累某些领域的知识。比如，有的儿童对军事感兴趣，对中外武器了如指掌，甚至对武器的全球贸易动态也很了解。有的儿童对历史感兴趣，针对某一个朝代已买来多种资料进行对比研究。

有科学家建议，儿童应该在一段时间内重点学习一门科学，这样他们就能深入了解其中的知识，更深入地探索，而不是每个领域都浅尝辄止。只有知道更多才能做更深入的研究。所以，我们建议在一段时间内的业余时间中，可以让儿童集中就某个领域进行深入的非虚构阅读和研究探索。

感知与学习艺术规律

参与艺术实践是理解艺术语言不可或缺的部分，但是观看优秀作品、掌握相关的艺术模式和理论，也是其中的重要组成部分。如果我们想要拥有一个能更好地识别美和艺术的大脑，就需要给予它相应的训练。

我们大多时候更关注"文字阅读"，极少讨论"图画阅读"。其实，图画阅读跟文字阅读的策略相同，也有角色形象、色彩对比、结构比例、画面细节、表达意图、隐喻与象征等（见图7-2），只不过都是以视觉形式呈现的。

图7-2　线条与色彩习作（Emily、Demi、Amy / 绘）

这需要我们熟悉视觉艺术的基本原理。比如线条、色彩、造型、构图、比例、明暗、视角等。其实，艺术创作的模式一部分是符合人的感官需求的，普通人都可以感知到，比如，横线条有平衡的感觉，斜线条有动感。另外的部分则是艺术家的独特体验和创作，需要我们去学习和掌握这些艺术表达的规律，感受更多艺术欣赏的乐趣。

信息整合

确定每个段落的主题句，准确理解文章的意义

进入小学高年级阶段，文章的篇幅更长，主题也会更复杂，要想准确理解文章的意义，就需要对每个段落的内容有更加准确的掌握。这时候只有仔细寻找段落是否有主题句、主题句在哪儿，然后将所有段落的主题句联系起来，才能完整理解文章的意义。有时候我们会对文中的某些信息敏感，而忽略了其他信息，导致对文章意义的理解发生偏差，使用以上方法可以避免阅读时忽略或者漏掉关键信息。

分析文章结构，帮助理解

文章通过一行行的文字来传递信息，除去图表之外，文字的表达呈线性特征，每篇文章都会遵循一定的顺序来组织和表达信息，但是被表达的事物不一定是线性的，比如对空间、事物、现象等的描述。通过分析文章结构，也就是分析文章是通过什么方式组织起来传达信

息的，我们可以更好地将详细的信息结构组织起来储存在自己的大脑中，进而更好地理解文章。

文章结构就像放了很多段落的一个大柜子，了解每个格子放了什么以及放的顺序，可以帮助我们更好地理顺整个柜子里放的东西，从整体上理解文章主题。文章是通过时间顺序、空间顺序、因果关系来展开的，还是遵循提出问题、找到解决方案的思路来展开的呢？其实，以上这些结构分别对应不同类型的文章内容，比如时间顺序主要对应历史类的文本。

找出文章的观点，找出支持观点的事实或者理由

为了说服别人相信自己的观点，作者会提供一些证据或者事实。一般会有2~3个证据来支持作者的观点，这些证据可能包括事例、研究等。认真阅读文章内容，确定文章中所传达的观点，并且要找出紧随其后的事实或者理由，通过思考作者使用的事实和证据是否可信、理由是否充足，决定是否采信作者的观点。

不是所有的观点都有足够的证据支持的，有时候作者的疏忽，或者故意歪曲，都会导致观点没有建立在坚实的证据和理由之上。

我们要引导儿童对文本内容进行分析。首先，他们要能通过阅读和推理文章中的关键信息、主题句等，得出作者在书中表达的主要观点、对于事物的态度和情感等。其次，他们要能够叙述书中的关键细节，并解释它们是如何支持作者的主要观点的。

情景模拟和角色扮演

前面讲过，在真实环境中解决问题是最好的学习方式，而由于外在条件的限制，我们不可能事事放在真实环境中处理。但某些领域的学习可以让儿童在模拟的环境中进行，比如涉及历史、社会、心理、法律等社会科学时，可以让儿童以参与者和观察者的身份卷入一个"真实的问题"的情景之中，通过角色扮演、个人体验、分析和讨论，探讨各自的情感，洞察各自的态度和价值取向，尝试为解决各种问题提供多种策略。这有利于培养儿童分析问题、解决问题和组织活动的能力。

将非虚构类文本与虚构类文本的信息相结合

在阅读非虚构的内容时，加入虚构的内容可以激发儿童的兴趣，更好地理解人类的创造力和认识事物的过程。

比如，在阅读有关航天、月球等内容的图书时，可以将嫦娥飞天的传说与它们联系起来；在阅读有关潜艇的内容时，可以同时阅读《海底两万里》中相关的部分；在阅读昆虫捕猎的内容时，可以引入"螳螂捕蝉，黄雀在后"的故事。《我要月亮》这本书就在前半部分讲述了与月亮有关的传说等虚构内容，后半部分讲述了与月亮有关的科学知识，将虚构和非虚构结合在了一起。

解释原因和结果

因果推理是我们日常生活中经常用到的思考方式。我们需要鼓励儿童在阅读后解释书中的历史事件、科学想法等。通过口头或文字表达发生了什么和为什么会发生。在阐释和整合观点时，儿童不但需要从文章中找到直接的证据进行推理，还要把文章不同部分的内容整合成连贯的文本，做适当的补充和推论，来获取书中原来没有明确表达的信息，并可以从文本中做适度引申。这比之前直接从文章中找到问题的答案更为复杂，更有深度一些。

反思评价

思考自己得出结论所依据的信息

无论我们从阅读材料里得出什么样的结论，一定要有合理证据的支持。思考得出结论所依靠的证据、信息，会帮助我们更好地检查结论是否可靠、是否足够证明结论。而文章中没有明确说明的信息，我们不能据此轻易得出结论。

主题式阅读，进行对比分析

围绕某一特定的主题，挑选多种图书和材料进行阅读和对比研究。之所以使用主题式阅读，是因为比较是最重要的学习方式之一。把同一主题的图书放在一起，可以从不同内容的比较中发现差异，思考原因，多角度扩展对事物的了解。比如，关于鸟儿迁徙的图书，我们可以选《迁徙：不可思议的动物之旅》《大迁徙：地球上最伟大的生命旅程》《动物迁徙》《迁徙的蝴蝶》《候鸟回来了》《起风了，鸟儿去远方》

等进行阅读和比较。

在主题式阅读中，我们可以比较语言、风格、思想、角度、关注点等方面的异同。讨论时，儿童的意见可能不会总是一致的，但是如果能给出可靠的证据，就是可以接受的。

应用

尝试建立模型

科学家认为，科学的核心任务是建立和测试理论模型。知识和理论只是人类对事物建立的模型，是对现实事物的简化处理。比如，"地心说"就是地球、月亮、太阳之间的一个运行模型。我们熟悉的理论模型还包括饮食结构金字塔模型、生态模型、供求关系模型等，理论模型出现在所有知识领域。

阅读时，可以鼓励儿童将文章中的信息建立模型。美国儿童从幼儿园开始就已经练习"建模"了，他们会制作农场模型、火山模型，并且要在班里进行"成果发表"或者"作品陈述"。美国制定了幼儿园到高中的科学学习框架，其中科学与工程实践的八个步骤[⊖]的第二个即为"建构模型"。

⊖ 这八个步骤为：提出问题（对于科学而言）和定义问题（对于工程而言）；建构模型；计划和执行调查；分析和解释数据；使用数学和计算思维；构建解释（对于科学而言）和设计解决方案（对于工程而言）；参与论证；获取、评估和交流信息。

本书在分析各种学习模型的基础上所建立的非虚构阅读策略综合体系也属于模型的一种。

口头交流或者书面写作

我们要鼓励这个阶段的儿童多撰写简洁的观察日记、调查报告等书面习作，或者多和他人口头交流自己的发现、自己的理由、将理论应用于实践时的效果等。

学习不单是学习者独立进行的过程，而应延伸至个体与他人交流、互动，其中分享、讨论、交流或将成果发表就是非常重要的学习方式。比如，图7-3展示的航空飞行器两侧记录了小作者的设计与想法。

动手实验

此策略前文已依据不同的程度详细讲解，参见本书第140、169页。不再赘述。

利用多个信息来源求证和解决问题

随着技术的发展，多媒体信息越来越丰富。除了阅读文字图书以外，儿童也要学会利用图书馆、网络资源寻找问题的答案。可以将从实验、模拟、视频中获得的信息，与从阅读相同主题的图书中获得的信息进行对比，将视频信息、图表信息以及文字信息进行整合。这样可以对某个主题形成综合连贯的理解，对于问题的解决可能更加准确。

第七章 10~12岁儿童的非虚构阅读

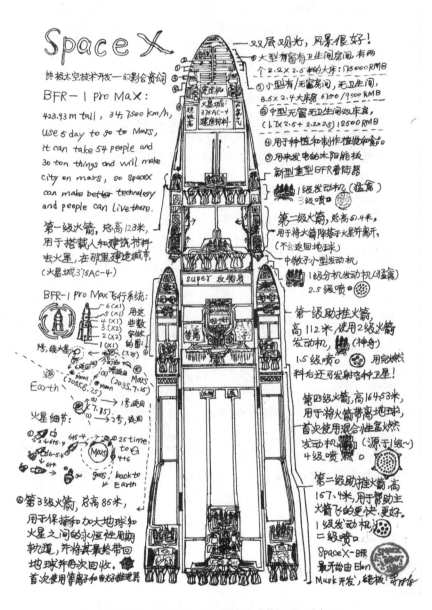

图 7-3　BFR-1Pro Max 设计图（葛问原 / 绘）

元认知系统

悬置疑问，再次阅读和理解

悬置疑问是指在阅读过程中，遇到暂时难以理解的概念、陈述等，可以暂时放着不管，继续往下读。因为在阅读的过程中，我们会不断地进行预测、推理、修正预测，当阅读到后面的信息时，可以根据结果对前面的信息进行反向推理，最终理解第一次阅读时尚未理解的内容。如果继续阅读一直不能解决前面的疑问，再去搜集其他信息加以解决。

重复作者的研究

对作者的研究进行测试或者检验，是一种重要的学习方式。比如科学实验、社会调查、艺术实践等。通过实际操作，我们获得的知识更加牢固。另外，进行实验和测试时，还可以将我们的执行结果与原有研究结果对比：是否能够重复？结果不同的原因在哪里？科学界对于新实验和新研究也会进行重复验证，如果新研究不能被重复验证，则会受到质疑。父母在协助儿童进行实验、测量或执行技术任务时，应尽量帮助儿童精确地遵循科学实验流程。

提出其他问题

了解一些知识、解决心中的疑惑自然会让儿童感觉愉快，但是，一本书、一篇文章里并不能穷尽所有的知识。所以，我们还应该启发他们继续提出其他问题，这也是继续探索的好方法，也就是前面提到的问（Question）。开始的时候，我们可以简单问一句：除了书上已经写的，你还想知道哪些知识？随着儿童逐渐长大，提出更多的问题、阅读更多的图书，应该成为习惯。

屠呦呦

学科交叉为研究发现成功
提供了准备。

第八章
13~15岁儿童的非虚构阅读

13~15岁儿童的认知能力

13~15岁儿童的非虚构阅读推荐书单

13~15岁儿童的阅读策略

自我系统

学会阅读

信息提取

信息整合

反思评价

应用

元认知系统

13~15 岁儿童的认知能力

这个阶段，儿童进入青春期，最大的特点是身心发育快速但不够平衡，情绪化明显，心理发展复杂却充满矛盾，希望独立而又依恋父母，希望被看作成年人但又能力不足。

美国塔夫茨大学儿童发展系教授戴维·埃尔金德（David Elkind）认为，青春期进入了另外一个自我中心主义阶段——假想观众（Imaginary Audience）和个人神话（Personal Fable）。假想观众是指青春期阶段儿童觉得自己的行为像在舞台上的主角一样被人观看、被人注意，自己的新发型、新衣服都会马上被发现；个人神话是指他们觉得自己是独特的，并且是无人能够理解的。所以，他们的独立和自我意识大大增强，强调个人的自主性，会挑战父母和老师的权威。

美国心理学家罗伯特·塞尔曼认为，13~15岁的儿童开始进入社会角色承担阶段，他们能够把别人的意见与所处社会的主流意见进行比较，以此来理解别人的意见。他们希望别人能够正确地考虑或推断出多数人面临这种情景时的观点。

在一定的文化背景下，13~15岁的儿童在基于证据的推理能力方面会持续增强，可以达到成年人的50%左右。

这一阶段的儿童积累了一定的关于世界的知识，经过一定的思维训练后，开始多角度地看问题，从"观点是多元"的多元主义者发展为"观点可以通过标准加以评估"的评价主义者。虽然这个年龄段的儿童具有了一定的评价能力，但是发展并不成熟，容易受到个人原有信念的影响。与信念相违背的证据会被更加严厉地审视，而如果与自己原来的想法相同，这些证据就会被一扫而过，不被他们重视。

在整个青春期，儿童大脑中的组织、计划、决策、控制和抑制冲动等执行功能逐渐发展并得到增强，大脑加工信息的速度明显增长，记忆能力达到一生中的峰值。

13~15岁儿童的非虚构阅读推荐书单

书名	作/译者	出版者
有趣得让人睡不着系列（全8册）	［日］左卷健男　竹内薫　樱井进　等著　安可　等译	北京时代华文书局
鸟类的天赋	［美］珍妮弗·阿克曼　著　沈汉忠　李思琪　译	译林出版社
疾病的真相：熊猫医生科普日记	缪中荣　文　何义舟　图	人民卫生出版社
十万个为什么（全18册）	韩启德　主编	少年儿童出版社
中国国家地理百科全书（全10册）	张妙弟　主编	北京联合出版公司
NASA自然百科·认识宇宙	［美］金伯利·K.阿坎德　梅甘·瓦茨克　著　王晨　译	江苏凤凰科学技术出版社
趣味代数学	［俄］雅科夫·伊西达洛维奇·别莱利曼　著　项丽　译	中国妇女出版社

（续）

书名	作/译者	出版者
啊哈，灵机一动	[美]马丁·伽德纳 著 李建臣 刘正新 译	科学出版社
几何世界的邀请	[日]小平邦彦 著 李慧慧 译	人民邮电 出版社
几何原本	[古希腊]欧几里得 著 燕晓东 译	江苏人民 出版社
从一到无穷大	[美]乔治·伽莫夫 著 刘小君 岳夏 译	文化发展 出版社
1分钟物理	中科院物理所 编	北京联合 出版公司
寻找薛定谔的猫：量子物理的奇异世界	[英]约翰·格里宾 著 张广才 等译	海南出版社
给孩子讲量子力学	李淼 著	民主与建设 出版社
物理世界奇遇记	[美]乔治·伽莫夫 [英]罗素·斯坦纳德 著 吴伯泽 译	科学出版社
视觉之旅：神奇的化学元素	[美]西奥多·格雷 著 陈沛然 译	人民邮电 出版社
牛津图解中学化学	[英]勒米斯 编著 刘易斯 文杰 麟伟 一毅 译	上海教育 出版社
分子共和国	北京大学化学与分子工程学院 编	知识出版社
迷人的材料	[英]马克·米奥多尼克 著 赖盈满 译	天津科学 技术出版社

（续）

书名	作/译者	出版者
迷人的液体	[英] 马克·米奥多尼克 著 孙亚飞 译	天津科学 技术出版社
诗意的原子	[美] 科特·施塔格 著 孙亚飞 译	北京联合 出版公司
DK青少年人文科普 百科·心理学百科	DK出版公司 编著 卢敏 侯冉冉 译	电子工业 出版社
药物简史：鸦片、 奎宁、阿司匹林与 我们的抗病故事	[英] 德劳因·伯奇 著 梁余音 译	中信出版 集团
DK医学史	[英] 史蒂夫·帕克 著 李虎 译	中信出版 集团
DK科学历史百科全书	罗伯特·温斯顿 主编	中国大百科 全书出版社
少年商学院 （全3册）	英国尤斯伯恩出版公司 编著 石明明 刘珊 译	接力出版社
DK军事历史大百科	英国DK公司 编著 袁月杨 王雪娇 董秋楠 译	化学工业 出版社
不止一个达尔文	孙轶飞 著	人民文学 出版社 天天出版社
世界历史长卷： 手绘年表	[美] 塞巴斯蒂安·C.亚当斯 著 司晓静 译	新世界 出版社

（续）

书名	作/译者	出版者
非看不可的世界著名博物馆（全27册）	［日］朝日新闻出版株式会社　著 周芷萍　译	浙江少年儿童出版社
法律的故事	［美］约翰·麦克西·赞恩　著 于庆生　译	中国法制出版社
论语	张圣洁　主编	浙江教育出版社
古文观止	吴楚材　吴调侯　编 钱素洲　译	浙江教育出版社
寂静的春天	［美］蕾切尔·卡森　著 王晋华　译	北京师范大学出版社
人类简史（绘本版）	［法］贝特朗·菲舒　著 ［法］迪迪埃·巴利赛维克　绘 时征　译	中信出版集团
批判性思维	［美］布鲁克·诺埃尔·摩尔 理查德·帕克　著 朱素梅　译	机械工业出版社
哲学的故事	［美］威尔·杜兰特　著 蒋剑峰　张程程　译	新星出版社
理想国	柏拉图　著 张竹明　译	译林出版社
硅谷钢铁侠：埃隆·马斯克，创造未来的人	［美］阿什利·万斯　著 周恒星　译	中信出版集团

（续）

书名	作/译者	出版者
365首中国古今名曲欣赏（器乐卷）	贺锡德　编著	人民音乐出版社
中国古建筑二十讲	楼庆西　著	生活·读书·新知三联书店
京剧常识手册（全2册）	苏移　涂沛　等著	中国戏剧出版社
墨中国文化艺术启蒙·有意思的中国画（全10册）	曾孜荣　主编	中信出版集团
温蒂嬷嬷讲述绘画的故事	［英］温迪·贝克特嬷嬷　著 李尧　译	生活·读书·新知三联书店
天才发明家	［美］苏珊妮·斯莱德　著 ［美］珍妮弗·莱因哈特　绘 徐辰　译	中信出版集团
小小发明家手册	［英］多米尼克·威尔科克斯 　　　凯瑟琳·芒加尔东　著 Mido　译	北京联合出版公司
伟大也要有人懂·一起来读马克思	韩毓海　著	中国少年儿童出版社
伟大也要有人懂·一起来读毛泽东	韩毓海　著	中国少年儿童出版社

（续）

书名	作/译者	出版者
我是马拉拉	[巴基斯坦]马拉拉·优素福扎伊 [英]克里斯蒂娜·拉姆 著 翁雅如 朱浩一 译	四川人民出版社
人类群星闪耀时	[奥]斯蒂芬·茨威格 著 舒昌善 译	生活·读书·新知三联书店
独自上场	李娜 著	北京联合出版公司

13~15 岁儿童的阅读策略

自我系统

了解某一领域的知识体系

当儿童深入学习某个领域的知识时,我们可以为他们提供跟这一领域相关的其他各个学科的知识,激发他们围绕某个主题展开深入和系统的探索与学习。比如,学习恐龙的内容时,可以提供相关的生物学、地质学、遗传学、气候学等方面的知识。

其他激发儿童自我动机的策略,比如陪读者提出有难度的问题(见本书第188页)、与同伴合作阅读(见本书第159页)等,前文已详细讲解,这里不再赘述。

学会阅读

准确理解专业概念和理论

初中阶段的儿童正式学习更加严谨的科学课程,包括数学、物理、化学、地理和历史等,也会阅读信息更加翔实的自然百科类、社会百科类图书。在前期,儿童已经了解了很多日常概念和科学概念,通过有趣的表达获得了很多关于世界的知识,现在则需要阅读更加专业和严谨的非虚构类图书,包括各学科的课本。这类书在概念定义、现象陈述、逻辑表达、问题分析方面,会使用更加专业的科学概念,阅读时要特别注意表示概念的句子,弄清楚概念的具体意义和边界,也就是内涵和外延。

整理信息并做笔记

信息是大脑进行思考的基本材料,所以积累丰富的、真实的、有价值的信息是非常必要的。当阅读有价值的图书和资料时,可以将重点内容、关键信息整理出来,做成浓缩的知识点笔记,便于复习、查阅。

但是现在一些人认为,在网上查阅信息非常方便,何必要花时间记忆信息。这种想法是不恰当的。储存于大脑中的信息可灵活调取,思考时可以及时加工处理,而上网搜索的信息在大脑加工时没有那么容易进入思维,所以重要的信息还是要储存在大脑中。

信息提取

此部分内容,包括根据文章信息进行直接推论、文字视觉化或者视觉文字化、在某一领域的深入阅读中学习等策略,前文已详细讲解,见本书第 189 页。不再赘述。

信息整合

确定每个段落的主题句,准确理解文章的意义

进入初中阶段,儿童阅读的文章篇幅更长,主旨可能不止一个,要想准确理解文章的意义,需要对每个段落的内容有更加准确的掌握,通过确定每个段落的主题句及其意义,并将主题句意义联系起来理解整篇文章的意义,才能避免忽略或者漏掉文章中的重要信息。

找出文章的观点,找出支持观点的事实或者理由

此策略前文已详细讲解(见本书 194 页),不再赘述。

解释原因和结果

此策略前文已详细讲解(见本书第 195 页),不再赘述。

运用学科内的思维

不同学科、领域的文章,具有自己特有的信息构建、组织和呈现的方式。有些学科的文章具有清晰的步骤和逻辑,比如数学。有些学

科的文章则传达了说明性和陈述性的信息，比如历史、地理等。因此，对应不同学科的文章，应依据其信息组织特点，采取相应的思维方式和阅读策略。比如，阅读历史图片时应该聚焦于事实上发生了什么，并从多个信息渠道交叉求证；阅读科学实验类、技术类文章时聚焦于客观现象中的事件、发生过程以及过程之间的关系；阅读法律事件时可能要关注其中的影响因素和因果关系。

解释自己的理解和想法

如果儿童有机会自己解释文章中的概念、知识和对问题的分析过程，将隐性知识显性化，那么他们就能更好地理解所学的知识，并且更快更好地解决新问题。所以在阅读过程中，应该创造机会让学生解释对概念和知识的理解，用自己的话解释案例、描述自己解决问题的过程等。这是威霖汉姆（Willingham）等人[33]的研究结果。维果斯基（Vygotsky）[34]也认为，推理和思考有时可以通过交流和分享而产生，因为在表达的过程中我们会进行思考，特别是与他人合作时，更要根据交流的需要解释自己的想法、倾听他人的想法、提出自己的问题等，这非常有助于知识的产生和巩固。

理解视觉文化，培养视觉素养

图画具有特定的表达意图，它是某位艺术家专门创作的，代表了个人观点，而不是随便把一个物体直接画在纸上。读懂图画，需要一定的认知能力。里克特（Richert）研究发现，8岁以下的儿童在领会艺术家的意图时，会经常弄错，所以，理解图画也是需要逐步学习的。

由于互联网技术的飞快发展，图画、摄影、影视、短视频、雕塑等视觉图像的传播非常便利。儿童在提高阅读素养的同时，也需要发展视觉素养，科学地理解视觉文化。

阅读视觉图像，跟阅读文字一样，需要借助个人经验对信息进行处理。观看图像的过程，事实上也就是理解图像的过程。比如，如何理解和评价图 8-1 中的这两件雕塑作品？

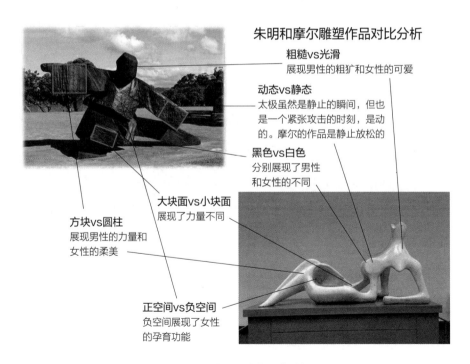

图 8-1　小土对雕塑作品的分析

视觉素养就是能理解所观看的图像，并获得意义。儿童观看图像等艺术作品时，除了要对这些作品进行解释和阐释，还应该慢慢培养自己的视觉素养，不仅知道作品内容是什么、别人是怎么解释的，还要自己去感受和思考作者想表达什么、通过什么方法表达的、为什么要这么做等。任何一个图像，除了表面上所展示的内容之外，还包括多重内在意义，因此培养视觉素养，理解视觉文化就显得尤为重要。

此部分的相关策略，比如情景模拟和角色扮演（见第195页）、将非虚构类文本与虚构类文本的信息相结合（见第195页），前文已详细讲解，不再赘述。

反思评价

在阅读中使用批判性思维

其实前一章的内容中，已经在使用一些批判性思维了，这一章我们要详细地解释一下。前面提到，所谓的知识和理论，只是科学家为了研究现实世界中的特定对象而构想出来的模型，它们被用于模拟、代替目标对象。比如，原子核的构造模型、经济学的需求理论模型、饮食营养结构模型等。

但物理学家、哲学家毛里西奥认为，科学模型所描述的状况大多与现实世界中的情形不符，甚至在现实世界中根本不存在，然而科学家仍然采用的原因在于，它们能够解释目标对象的某些现象、给予预测、方便计算等。但是这些模型与事实之间存在重大差异,需要不断改进和修正,因此在有证据、有条件的情况下,应该不断地质疑、完善模型。我们以原子模型的发展为例(见图8-2),了解一下科学模型不断完善的过程。

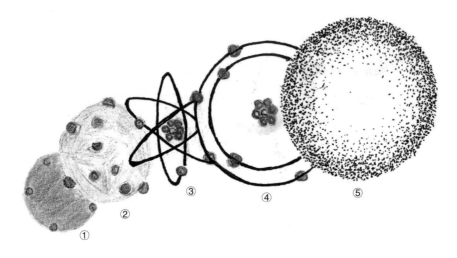

由左至右分别为:①道尔顿实心球模型(1803年);②汤姆生葡萄干蛋糕模型(1904年);③卢瑟福行星模型(1911年);④玻尔量子化轨道(1913年);⑤现代电子云模型(20世纪20年代)

图8-2 原子模型发展历史

任何信息都只是在不同程度上接近事实而不完全是事实。对于不具有批判性思维的读者来说,文章内容都是真实的事实。但是对于有批判性思维的读者来说,所有文字仅仅描述了事物的某一个方面,或者是一种个人观点。他们不但了解文章说了什么,也能辨别出文章是怎样叙述主题的，作者是用哪些途径进行创作的；他们会欣赏作者对某件事有特别的洞察力，思考作者如何通过一系列精心选择的事实来呈现自己的观点。

美国哲学学会运用德尔菲（Delphi）方法（反复询问调查＋专家意见＋直观结果），将批判性思维界定为有目的的、自我校准的判断。这种判断包括解释、分析、评估、推论以及在做出判断时所依据的证据、概念、方法、标准或语境的说明。

有一种观点认为，批判性思维没有学科边界，任何涉及智力或想象的主题都可以从批判性思维的视角来审查。一般会用到逻辑学论证三要素——论点、论据和论证方式，或者推理的三个阶段——前提、推理形式和结论。

第一步，弄清楚作者谈论的主题是什么。我们正在阅读的文章，内容主题是什么？作者在文中讨论了什么问题？各个概念的定义是否清晰、准确？对概念的解释和运用是否一致？

第二步，了解作者的观点或者结论是什么。说理性文章中作者并非闲着无事来磨牙，而是为了表达自己的观点或者推理出一个结论，甚至是推销自己的观点。

第三步，知道作者使用了哪些证据来支持自己的观点。是事实证据、理论还是信念？可被用作证据的材料包括众所周知的事实、他人的研究结论、调查获得的数据等，要注意不同的证据有不同的适应性和局限性。

第四步，考察作者论证和推理的过程。典型的三段论结构是：所有的 M 是 P，所有的 S 是 M，所以所有的 S 是 P。这是演绎论证中常用的肯定前件式，其他还有否定后件式、假言三段论、选言三段论、二难推理、归谬法等。评估作者的推理过程是否合理、证据是否相关和足以支持观点、论证的方法和过程是否恰当、论证运用了哪种推理类型、演绎推理是否符合规则、样本或事例是否有代表性、因果推论是否排除了其他有竞争性的假说等。

第五步，做出自己的评价，得出结论。

分析文章中个体、事件和想法之间的相互作用

系统内的事物之间是互相联系的，事件和事件之间、人和事件之间都会发生相互影响，而不是孤立静止的。阅读社会科学相关的文章时，要注意思考和分析这一点。

例如，想法如何影响个体或事件，个体如何影响想法或事件。随着复杂程度增加，一篇文章可能包含一系列想法、事件。阅读时，要能厘清事件发生的顺序，并解释个人、想法和事件之间是如何相互作用和影响的。

分析文章的结构如何帮助作者达成目的

了解作者用什么样的结构来呈现信息，是按时间顺序，还是因果关系，还是两个事物的比较？分析作者如何展开一个分析或一系列的

想法、事件，包括要点的呈现顺序，以及它们之间的联系，是遵循概念、定义、解释、举例、图片展示、分类、比较、结论的顺序，还是其他形式。能够详细分析文章中特定段落的结构和主题句的作用。

分析修辞的作用

判断词语、短语的修辞作用，比如比喻、暗喻、象征等。分析不同词语的选择对意义和语气的影响。例如，我们可以带儿童对比一下质量监督检查机构发布的关于饼干质量问题的报告中的语言与电视等媒体上饼干广告的语言有何不同，或者演讲稿语言与议论文语言的不同。

分析作者的写作意图

每篇文章都隐含着作者的写作目的，有的是提供实验数据和结果，有的是发布自己的观点，有的是说服和影响他人。仔细阅读文章，辨别作者使用的修辞和语言，体察作者的写作意图。

比如关于动物的文章，有的是为了介绍一种动物的习性，有的是为了说明环境平衡的重要性，有的是为了让我们更好地保护珍稀动物。

比较文字与多媒体的效果

除了文字以外，音频和视频在传递信息方面也占据重要的位置。儿童要学会对同一主题下的文字与音频、视频等多媒体内容进行比较，分析每种媒介在传递信息时的效果、优缺点，对不同媒体的表达效果进行积极的阐述和说明，用批判性思维进行思考，发展媒体素养。

比较一手资料和二手资料

对同一事件或同一主题的一手资料和二手资料进行比较，发现它们的描述重点和内容异同点，分析它们的可靠性。

一手资料是指直接来自事物本身的信息，比如亲自观察某个事物的报告、测量数据和实验分析等。二手资料是指他人的观察报告和论文等。一手资料和二手资料都可能存在局限性，通过对比它们的差异与不足，确定哪些可以采信、哪些存疑，以便得出更客观的结论。

主题对比式阅读

单篇文章往往由作者自己的视角、观点出发，因此存在一定的局限性。如果想要对某个主题有较为全面、客观的了解，建议进行多篇文章的主题对比式阅读，特别是对于自己不了解的领域内容。比如，当我们读到一篇关于恐龙灭绝的文章时，不妨再看看其他文章是怎么说的。

当这种意识建立起来以后，开始看某个主题的文章或者图书时，就可以提前搜寻、预备相关主题的图书。比如，我在阅读有关儿童阅读的图书时，就已经提前设定了需要阅读的图书，范围至少包括儿童的认知与学习、文学理论、人对书的反应的认知心理研究这三大部分内容。

应用

建立系统模型

尝试将所掌握的领域知识进行深入的加工与分析，为解决一些实际问题或者理解事物而建立新的系统模型。比如，前面提到的原子结构，就是人类为了理解事物而建立的模型。而本书基于儿童的年龄与认知能力、非虚构类图书的种类与形态、儿童学习目标建立的非虚构阅读策略综合体系，就是一个新的系统模型。

动手实验，验证文章中的内容

观察、猜测、验证，是科学实践的重要步骤。对于所阅读的重要文章，在条件允许的情况下，应尝试进行实验并重复验证。进入科学课程的学习以后，儿童操作实验工具的技能日益熟练，逐渐具备了实验设计能力，利用一定的设备进行实验，也成为学习的重要过程。另外，很多家用的实验教学设备，比如显微镜、电路实验套组、望远镜、化学实验套组、昆虫养殖箱等器材越来越完善，可以方便他们进行基础的实验。当然，这其中也包括一些社会调查实践等。儿童通过亲身实践、动手实验，可以发展数据分析、反思等能力。

利用多个信息来源，解决疑问或者证明观点

随着技术的发展，多媒体信息越来越丰富。除了阅读文字图书以外，儿童也要学会利用网络寻找问题的答案。可以将从实验、模拟、视频中获得的信息，与从阅读相同主题的图书中获得的信息进行对比，将视频信息、图表信息以及文字信息进行整合。这样可以对某个主题形成综合连贯的理解，更加科学、客观地解决疑问。在严谨思考多种信息之后形成的观点，也会更为客观可信。

进行非虚构写作

非虚构写作是通过调查、研究，说明、阐述一些事实等。写作过程中，需要作者清晰发表自己的观点，运用证据证明自己的观点，用恰当的修辞增强说服力和影响力。

进行非虚构写作，也可以更好地认识一篇文章的产生、组织及呈现特征，对于非虚构阅读也有很大的帮助。比如，我在为中学生讲授人物传记的阅读时，会先带他们一起构思写"一位老师的传记"：从哪些方面入手、如何选取材料、如何聚焦主要特点、使用何种修辞方式等。然后，再让他们根据刚才的构思来阅读这篇传记。这样，学生就能更加清楚如何在阅读中通过作者的文字联想背后的人物，同时也会反思传记是否能反映出一个人的全部。

元认知系统

制订简要的阅读和学习计划，并检查执行情况

除了由兴趣发生的自由阅读，对于自己希望通过努力阅读有所收获的图书和领域，建议制订简要的阅读和学习计划。比如，按照一个学期的进度，大致计划下阅读时间定在每周的哪一天，每周读几章还是读几个小时，并检查计划的执行情况。

人对自己的自律性往往过于自信，事实上计划推迟和完不成的情况并不少见，特别是对于还处在计划执行能力还不十分强大的青春期

阶段的儿童来说，出现计划没如期完成是可以理解的。虽然如此，但计划该做还得做。"凡事豫（预）则立，不豫（预）则废"，是有一定道理的。当然，在成长过程中，计划失败也并不是可耻的事情，要能在失败中慢慢检查自己的努力程度，调整计划，增加自控力。

悬置疑问，再次阅读和理解

随着阅读资料中科学概念、抽象程度、语句结构更加复杂，逻辑关系更加严谨，限定词和关系词更多，理解起来也更加困难。如果反复思考之后还不能完全理解，不妨将疑问暂时搁置，继续阅读，然后再回头阅读，反复咂摸。如果这个阶段还没有碰到这种情况，说明读的书还不够难。

提出其他问题

大部分写给儿童的非虚构类图书，都以清晰明确地介绍事物、准确阐释原理为主要目标，这没有问题。但是，这也会使得儿童对于书中的结论和观点过于信任，特别是给出的观点只有一个的时候，会导致他们盲目相信。如果看过专业论文就会发现，论文末尾通常会提到一些尚未解决的问题、有待继续研究的问题，这才是严谨的科学研究态度与方法。另外，鼓励儿童提出新问题，也是激发他们进行更多的阅读和探索。

马可·奥勒留
（古代罗马皇帝）

我们听到的不过只是一个观点，而非事实；我们看到的不过只是一个视角，而非真相。

第九章 16~18岁儿童的非虚构阅读

16~18岁儿童的认知能力
16~18岁儿童的非虚构阅读推荐书单
16~18岁儿童的阅读策略
自我系统
学会阅读
信息提取
信息整合
反思评价
应用
元认知系统

16~18岁儿童的认知能力

16~18岁的儿童在各个学科中已经学习了使用专业词汇和科学概念，具有相对广泛的科学基础知识，运用科学知识进行推理、判断的能力相对发展成熟，能够进行自我学习。

对社会和世界相关知识的积累，可以帮助他们更好地理解社会现象，发展出更成熟的观点采撷能力。

他们对形式逻辑的运用已经达到了较高水平，有能力不借助与事物相关的具体形象，只运用抽象的概念进行分析、推理等逻辑思考。

这一阶段，他们进入青春期晚期，情绪调控能力更加成熟，自我同一性还在探索发展中。

对社会现象的观察与思考能激发他们的社会责任感，由此产生改变社会的意愿，并有一定的行动能力和组织能力参与到与此相关的行动中。

16~18岁儿童的非虚构阅读推荐书单

书名	作/译者	出版者
那些让你更聪明的科学新概念	［美］约翰·布罗克曼 著 李慧中 译	浙江人民出版社
自私的基因	［英］理查德·道金斯 著 卢允中　张岱云　陈复加　罗小舟　叶盛 译	中信出版集团
十万个为什么·数学	李大潜 主编	少年儿童出版社
数学小丛书	华罗庚 等著	科学出版社
什么是数学：对思想和方法的基本研究	［美］R·柯朗　H·罗宾 著 左平　张饴慈 译	复旦大学出版社
数学大师：从芝诺到庞加莱	［美］埃里克·坦普尔·贝尔 著 徐源 译 宋蜀碧 校	上海科技教育出版社
深入浅出统计学	［美］道恩·格里菲思 著 李芳 译	电子工业出版社

（续）

书名	作/译者	出版者
宇宙的规则：决定论or随机论	胡先笙 著	北京时代华文书局
思维补丁：修复你的61个逻辑漏洞	［美］罗伯特·托德·卡罗尔 著 王亦兵 译	新华出版社
学会提问	［美］尼尔·布朗 斯图尔特·基利 著 吴礼敬 译	机械工业出版社
简单的逻辑学	［美］D.Q.麦克伦尼 著 赵明燕 译	浙江人民出版社
薛定谔的猫：改变物理学的50个实验	［英］亚当·哈特-戴维斯 著 阳曦 译	北京联合出版公司
科学的旅程	［美］雷·斯潘根贝格 戴安娜·莫泽 著	北京大学出版社
中国科技通史	吴军 著	中信出版集团
大脑的故事	［美］大卫·伊格曼 著 闾佳 译	浙江教育出版社
科技之巅	《麻省理工科技评论》 著	人民邮电出版社
华罗庚的数学生涯	王元 杨德庄 著	科学出版社
这里是中国	星球研究所 中国青藏高原研究会 著	中信出版集团
给莉莉的信	［英］艾伦·麦克法兰 著	商务印书馆

（续）

书名	作/译者	出版者
DK青少年人文科普百科·社会学百科	[英] 克里斯·伊尔 克里斯托弗·索普 著 陈彦坤 马巍 译	电子工业出版社
南方周末特稿手册	杨瑞春、张捷 编	南方日报出版社
观念的水位	刘瑜 著	江苏凤凰文艺出版社
人文地球：人类认识地球的历史	张九辰 著	北京大学出版社
人文社会科学是什么（全12册）	胡军 陈波 周宪 等著	北京大学出版社
终身成长：重新定义成功的思维模式	[美] 卡罗尔·德韦克 著 楚祎楠 译	江西人民出版社
中国近代史	蒋廷黻 著	江苏人民出版社
全球通史	[美] 斯塔夫里阿诺斯 著 吴象婴 梁赤民 董书慧 王昶 译	北京大学出版社
BBC世界史	[英] 安德鲁·玛尔 著 邢科 汪辉 译	天津人民出版社
耶路撒冷三千年	[英] 西蒙·蒙蒂菲奥里 著 张倩红 译	湖南文艺出版社
日本史	[日] 坂本太郎 著 武寅 等译	中国社会科学出版社

（续）

书名	作/译者	出版者
二战史	[英]约翰·基根 著 李雯 译	北京大学出版社
第二次世界大战回忆录 丘吉尔	[英]温斯顿·丘吉尔 著	北京时代华文书局
中国哲学史	冯友兰 著	华东师范大学出版社
文化理论与大众 文化导论	[英]约翰·斯道雷 著 常江 译	北京大学出版社
牛津通识读本 （全58册）	[澳]彼得·辛格 等著	译林出版社
棉花帝国	[美]斯文·贝克特 著 徐轶杰 杨燕 译	民主与建设出版社
枪炮、病菌与钢铁	[美]贾雷德·戴蒙德 著 谢延光 译	上海译文出版社
柠檬、拍卖和 互联网算法	[美]雷·菲斯曼 　　蒂姆·沙利文 著 莫方 译	江西人民出版社
吃：食物如何改变我们 人类和全球历史	[英]菲利普·费尔南多－阿梅斯托 著 韩良忆 译	中信出版集团
经济地理学	[加]威廉·P.安德森 著	中国人民大学出版社
从黎明到衰落	[美]雅克·巴尔赞 著 林华 译	中信出版集团

（续）

书名	作/译者	出版者
红星照耀中国	［美］埃德加·斯诺 著 董乐山 译	人民文学出版社
中国历史文选（全2册）	周予同 主编	上海古籍出版社
史记选	司马迁 著 王伯祥 选注	人民文学出版社
大学　中庸	王国轩 译注	中华书局
老子	［汉］河上公 注 ［三国魏］王弼 注 ［汉］严遵 指归 刘思禾 校点	上海古籍出版社
孟子	方勇 译注	中华书局
墨子	方勇 译注	中华书局
庄子	方勇 译注	中华书局
韩非子	高华平　王齐洲　张三夕 译注	中华书局
中国艺术与文化	［美］杜朴　文以诚 著 张欣 译	湖南美术出版社
中国艺术	［英］柯律格 著 刘颖 译	上海人民出版社
中国思想史	葛兆光 著	复旦大学出版社
最后一公里村庄	贺雪峰 著	中信出版集团

(续)

书名	作/译者	出版者
毛泽东选集（全4册）	毛泽东　著	人民出版社
介绍丛书（全9册）	［美］达瑞安·里德尔　等著 ［美］朱迪·格罗夫斯　图 李新雨　等译	当代中国出版社
公正	［美］迈克尔·桑德尔　著 朱慧玲　译	中信出版社
政治学与生活	［美］迈克尔·G.罗斯金　等著 林震　等译	中国人民大学出版社
不平等社会	［美］沃尔特·沙伊德尔　著 颜鹏飞　等译	中信出版集团
地理学与生活	［美］阿瑟·格蒂斯 朱迪丝·格蒂斯 杰尔姆·D.费尔曼　著 黄润华　韩慕康　孙颖　译	北京联合出版公司
叫魂：1768年中国妖术大恐慌	［美］孔飞力　著 陈兼　刘昶　译	生活·读书·新知三联书店
当下的启蒙	［美］史蒂芬·平克　著 侯新智　欧阳明亮　魏薇　译	浙江人民出版社
联邦论	［美］亚历山大·汉密尔顿 詹姆斯·麦迪逊 约翰·杰伊　著 尹宣　译	译林出版社

（续）

书名	作/译者	出版者
像人类学家一样思考	[美]约翰·奥莫亨德罗 著 张经纬 等译	北京大学 出版社
极简西方哲学史	[英]杰瑞米·斯坦格鲁 詹姆斯·加维 著 钱峰 译	北京联合 出版公司
小哲学：如何思考普通的事物	[捷克]扬·索克尔 著 何文忠 竺琦玫 译	北京大学 出版社
极简人工智能：你一定爱读的AI通识书	[英]理查德·温 著 有道人工翻译组 译	电子工业 出版社
理解艺术的艺术	[美]伊琳娜·D.科斯塔克 著 王雪瑜 译	电子工业 出版社
颜色的故事	[英]加文·埃文斯 著 朱敬 译	海南出版社
大师名画全知道： 中国传世名画 （全2册）	黄荣川 主编	化学工业 出版社
艺术的故事	[英]E.H.贡布里希 著 范景中 译	广西美术 出版社
第二性 （全2册）	[法]西蒙娜·德·波伏瓦 著 郑克鲁 译	上海译文 出版社
向前一步	[美]谢丽尔·桑德伯格 著 颜筝 曹定 王占华 译	中信出版 集团
沟通的艺术	[美]罗纳德·B·阿德勒 拉塞尔·F·普罗科特 著 黄素菲 李恩 译	北京联合 出版公司

（续）

书名	作/译者	出版者
呦呦有蒿：屠呦呦与青蒿素	饶毅　张大庆　黎润红　编著	中国科学技术出版社
爱因斯坦传	[德]阿尔布雷希特·弗尔辛　著 薛春志　译	人民文学出版社
艾伦·图灵传： 如谜的解谜者 （全2册）	[英]安德鲁·霍奇斯　著 孙天齐　译	湖南科学技术出版社
异见时刻："声名狼藉"的金斯伯格大法官	[美]伊琳·卡蒙莎娜·卡尼兹尼克　著 骆伟倩　译	湖南文艺出版社
论证是一门学问	[英]安东尼·韦斯顿　著 卿松竹　译	新华出版社
心理学与生活	[美]理查德·格里格 　　　菲利普·津巴多　著 王垒　王甦　等译	人民邮电出版社

16~18 岁儿童的阅读策略

自我系统

在真实的项目中阅读和学习

如果我们想掌握某项技能,那么在真实项目中阅读和学习,是最实用和快速的。比如,为了解决"儿童是怎么学会识字和阅读的",我阅读了 200 余本有关认知科学、脑神经科学、心理学、文学评论、人类学的专著,又阅读了 3000 余篇论文,终于对这一领域有了较为成熟和专业的认知。再如,我认识一位做大数据分析的工程师,而他是在硕士毕业以后才突然发现自己对这一领域非常感兴趣,于是花了一年时间读书、上网课。多年练就的出色学习能力让他很快掌握了相关技能,两年后进入行业内顶尖公司。

目前图书、网课等各种学习资源极其丰富,希望每个人都能找到心中热爱的领域,投入阅读和学习。

对自我系统有帮助的其他策略，前面已有详述，此处省略。这些策略包括了解某一领域的知识体系（见本书第212页），陪读者提出有难度的问题（见本书第188页），与同伴合作阅读（见本书第159页）。

学会阅读

泛读与领域内的深入阅读相结合

经过前期的阅读和探索，儿童逐渐发展了自己感兴趣的领域后，有能力在这一阶段进行深入的阅读、探索和学习，并为一生的事业发展奠定基础。

这里我想强调的是，儿童在感兴趣的领域进行持续深入的阅读和探索的同时，也要跨学科涉猎不同领域的知识，特别是在社会科学、自然科学之间互有涉猎。即使以后不专门从事相关专业的工作，跨学科阅读对自己更好地理解社会、理解科学、理解历史和现实也有重要的意义。

挑战有难度的文章时，反复阅读

随着年龄的增长和学习深度的增加，儿童需要阅读的内容和接触的概念越来越抽象，各种信息之间的关系越来越复杂，在文字表达时为了足够严谨，所使用的限定条件或者前提条件也越来越多，所以理解起来更加复杂，需要即时理解所阅读的内容，同时保持清晰的逻辑思考。在遇到复杂、艰深、晦涩、抽象的长句子时，应适当放慢速度，反复多读几遍，进行准确的理解。当然这个方法不说，这个阶段的儿童也会用，在这里说出来是想要大家知道：没关系，这很正常，其他人也会有类似的困难。

整理信息并做笔记，及时复习

此策略前文已详细讲解（见本书第 213 页），不再赘述。

信息提取

此部分的相关策略，比如，根据文中的信息直接推论，或者处理隐含信息（见本书第 165、189 页），文字视觉化或者视觉文字化（见本书第 190 页），鼓励儿童在某一领域的深入阅读中学习（见本书第 190 页）等，前文已详细讲解，不再赘述。

及时停下，思考和总结

这一阶段的学习内容越来越复杂，语句中的概念密度和信息量越来越大。虽然此时儿童的记忆能力很强，但是新内容连接到大脑中原有信息的多少也是有限度的。所以对于大量新学习的内容，要及时回顾、总结，并尝试用自己的话解释新概念和新观点等。

信息整合

此部分的一些基本策略，比如，确定每个段落的主题句，准确理解文章的意义（见本书第167、193、214页），找出文章的观点，找出支持观点的事实或者理由（见本书第194页），解释自己的理解和想法（见本书第215页），解释原因和结果（见本书第195页），运用学科内的思维（见本书第214页），情景模拟和角色扮演（见本书第195页），理解视觉文化，培养视觉素养（见本书第215页）等，前文已按不同程度详细讲解，不再赘述。

将非虚构类文本与虚构类文本的信息相结合

分析非虚构类文本的时候，可以将其与相关主题的虚构类文本进行联系。虚构类文本在一定程度上也存在基于现实的非虚构信息，比如小说中的社会背景，科幻作品中的科学原理。为儿童提供一些相关主题的虚构类文本信息，产生比较、拓宽理解，有利于提高他们阅读较长的非虚构类文本时的兴趣，同时体验到情感性和客观性。

在不同学科之间建立联系

学科分类只不过是将事物不同方面的知识进行了划分，并不是对事物的全部理解。比如，对于一个洋葱来说，生物学会研究细胞、遗传等,数学会研究层数及每一层皮的弧度,艺术家会研究色彩、线条,美食家会研究各种菜谱,经济学家会研究种植与消费……每个学科都在一个完整的洋葱身上拉出一绺,但是学科之间联系甚少,在一定程度上浪费了彼此的研究成果。

如果在探究事物的时候将相关学科联系起来,我们可能会获得更为全面的知识。比如将科学、技术、社会与环境联系起来,在分析社会、经济、历史和艺术的问题时,就会考虑到科学和技术的影响。我在写作《阅读的秘密》一书时,就将儿童的认知能力、神经科学、心理学、文艺理论、人类学等相关内容融合在一起,以帮助读者更好地理解儿童阅读的过程。

反思评价

分析作者的写作意图

此策略前文已详细讲解(见本书第221页),不再赘述。

分析修辞、结构的作用

分析不同的修辞和语气的作用,在修辞使用特别有效的文章(比如演讲文稿)中,分析修辞和语气如何影响文章的说服力。

前面讲到,作者使用一定的结构来组织信息,以便更好地呈现信息。在高中阶段,学生要有能力阐述和评估文章论证中使用的结构的作用——是否清晰、是否有说服力和吸引力。

发展文本评价能力

对于不同学科的文章，应学会使用恰当的文本评价能力——主要是指语言推理能力和量化推理能力。语言推理能力包括阅读理解、逻辑推理、假设辨认、事实判断和论证评价五个方面的思维能力，类似前面讲过的批判性思维能力。除此之外，还应结合具体学科、领域的特点对文本进行评价，比如历史学科和文化批评学科就有一定的区别。

量化推理能力包括数字规律、数量关系、图形规律和图表信息等四个方面的思维能力。量化推理能力是衡量儿童个体分析性思维能力和批判性思维的重要指标之一。其水平高低会直接或间接影响其数学、物理等学科的成绩，对理科思维的发展和自然科学素养的提高起着十分重要的作用。

区分事实、观点、信念和视角

在接受教育的早期，我们认为所学的知识都是准确的，都是事实和真相，所谓学习通常就是记忆一些确定的信息。

但是随着学习的深入，我们了解了更多的信息和知识，我们明白，问题几乎不存在单一的、明确的、简单的答案。我们也认识到了不同人的不同观点，以及事件背后的社会、政治和经济因素，而不是单单一个原因导致的。

除了区分事实、观点以外,我们还要把它们与信念、视角分开。信念是相信什么是真的以及相信什么会发生,但是否真会发生并不能确定,所以信念不是事实。视角是从某个角度观察到的部分事实,大部分人的观点来自个人从某个视角观察到的部分事实,而非全部真相。

认识、评价观点所依据的理论

任何知识和理论都只不过是描绘世界的一种模型,而不是事物的全部。任何观点都依赖于一定的理论基础。比如,持有"无论何时何地都要以仁爱为本"的观点,可能是依据儒家的理论:"君子务本,本立而道生。孝弟也者,其为仁之本与。"(《论语·学而篇》)而相信"你对我好,我才对你好"的观点,则可能是依据墨家"交利"的理论:"即必吾先从事乎爱利人之亲,然后人报我以爱利吾亲也。"(《墨子·兼爱(下)》)

当然我们不可能掌握所有的基本理论,但是我们要能意识到,每个人认可的观点可能只是依据某一种理论产生的而已。这个阶段的儿童要能够意识到自己使用的理论、他人使用的理论和概念,并且进行评价。特别是跟历史、人文和社会相关的内容,要能够评估各种解释行为或事件的理论,确定哪种解释最符合文本证据。

理解文字与多媒体信息

随着传播技术的发展,从黑白文字到 VR 技术,儿童接触视觉图像的机会越来越多，因此，必须发展出理解和解释与文本相关的视觉图像的能力，也就是前面提到的视觉素养。

有时为了解决一个问题，需要整合和评估以不同形式出现的媒体信息，比如视觉的、文字的。视觉图像虽然在表达形式方面与文字不同，但是在内容和意义方面的分析方式与文字非常相似。因为媒体都具有五大基本要素：生产者、形式和制作技术、目标受众、内容、动机和目的。在阅读何种视觉图像信息时，我们都可以使用视觉素养评估各种媒体信息，分析这些视觉媒体信息是谁制作的、为了谁制作的、为了什么目的制作的，评估视觉图像传达故事和想法的方式等。良好的媒体素养包括对媒体的主动解读、对传播内容的鉴别等，而不是简单地、不加判断地、毫无思考地全面接受等。

比较一手资料和二手资料

此策略前文已详细讲解，参见本书第 222 页。不再赘述。

应用

"假如我来验证"

严谨的科学文章，会有作者提出问题、预测结论、实验验证等过程。当读完作者讨论的问题时，可以暂停一下，自己思考一下：对于这个问题，我认为可能的结论是什么，可以采用什么样的方案来验证它。然后再看看作者具体进行了哪些实验,跟自己的想法有什么区别,为什么会有这样的区别,谁的方案需要进一步完善,等等。

指出尚未解决的重要问题

读过严谨的研究论文的人都知道,最后研究者都会陈述本次研究未完成、未涉及、未达到的部分,启发后来的研究者继续跟进。而我们平常阅读的文章,因为篇幅所限常常来不及说明这些,所以这些知识都还有进一步探索、确定的空间。作者的结论往往也不是确定的、唯一的或者最终的答案,我们要能找到文章中留下的这些不确定性。

进行非虚构写作与交流

高中阶段可以写作的内容非常多,调查报告、艺术分析、科学实验报告、论文等。各个国家、地区以及国际范围都有各种科学技术竞赛,其中很多竞赛包含非虚构写作的内容。比如,北京市中小学生金鹏科技论坛、上海市青少年科技创新大赛、FLL机器人世锦赛中,既有场地赛,也有撰写研究论文的部分。

其他策略,比如动手实验,验证文章中的内容(见本书第169、223页)、建立系统模型(见本书第222页)和利用多个信息来源,解决疑问或者证明观点(见本书第223页),前面已有详细论述,此处省略。

元认知系统

元认知是对自己认知过程的认知,类似于"知道自己知道""知道自己不知道",这样才能及时调整学习内容、目标和使用的策略。此部分的一些策略,比如,制订简要的阅读和学习计划,并检查执行情况(见本书第224页),悬置疑问,再次阅读和理解(见本书第200、225页),提出其他问题(见本书第225页)等,前文已详细讲解,不再赘述。

我们听到的不过只是一个观点,而非事实;
我们看到的不过只是一个视角,而非真相。

居里夫人

生活中没有可怕的东西，
只有应该去了解的东西。

第十章 非连续性文本以及其他类型文本的阅读策略

纪录片
学习策略

我最早看到非连续性文本的阅读测评，是在日内瓦居住期间，其测评使用的阅读材料有天气预报、旅行线路、房租广告等，当时觉得很是新鲜。虽然最近非连续性文本才进入我们的考试范围，但是在生活中我们会经常遇到，比如车票、指示牌、清单、证件、说明书、广告、标语等。

有专家发现，50%到80%的特定任务需要工人通过阅读非连续性文本来执行。非连续性文本不是单纯将文字一行一行从头写到尾，而是并行排列各种不同的信息，比如表格、图形，或者既有简短的文字又有图表的混合型文本。非连续性文本具有内容简洁、结构直观、概括性强、承载的信息量大等特点，因此实用性很强。

虽然进入高考考察范畴的非连续性文本似乎是个新事物，但我们在生活和成长过程中发展起来的认知能力、信息搜索、加工策略，可以帮助我们完成基本的非连续性文本的阅读，比如信息提取等。但是我们需要根据非连续性文本的特点，适当关注以下几方面：

第一，非连续性文本最大的特征是非线性的，一般只显示重点信息，阅读的时候需要关注这些重点信息，按照内容的逻辑顺序去阅读。比如，对比图需要我们关注各部分之间的大小、比例等，表格是为了突出单元格内的重要信息。

第二，关注标题和注释。非连续性文本用词简练，但标题和注释中包含的信息很多，包括主题内容、信息范围等，所以阅读时要重点关注标题和注释中的信息。

第三，对同一非连续性文本中不同形式的信息进行比较和互证。比如广告中的文字标题与搭配的图片。

当然更高的阅读要求，比如解释信息、分析信息，并得出结论、反思和评价信息等，需要更为综合的能力，同时这些能力也与前面连续性文本的阅读能力是相通的。

比如，观察以下图表和数据，你能得出哪些结论？

群文或多重文本（定义及解读见本书第 56 页）的阅读，最重要的就是，如果不同文章中出现了相互矛盾的信息，需要根据前面提到的阅读策略来判定接受哪篇文章的信息。比如文章的修辞手法、语言风格、体裁以及作者的背景信息等。一篇略有夸张的文章与一篇语言严谨的文章，哪篇更值得采信是一目了然的。

纪录片

虽然我们讲的阅读主要是指非虚构类图书的阅读，但是本书关注的是以非虚构类信息为主的学习,所以学习资料除了图书之外,也应该包括相关的纪录片。

有一些优质的纪录片,比如:

1.《动物世界》:央视综艺频道播放的纪录片,展示了动物出生、捕食、嬉戏的生命过程。

2.《微观世界》:法国科学家利用特殊的微观摄影机,向人们展示了森林里、草丛下放大无数倍的昆虫世界。

3.《跟着书本去旅行》:央视科教频道2019年推出的体验式文化教育节目,通过实地实景拍摄,展示中小学课本或者经典名著中的文化古迹、风土人情。

4.《超级工程》:介绍了衣食住行等日常生活背后涉及的超级工程,探索如何让人们生活得更加和谐。

5.《如果国宝会说话》:中央电视台纪录频道制作的电视纪录片,每集讲述一件文物,介绍其历史、设计及所应用的技术,是了解中国历史和文化的窗口。

6.《故宫100》:展现了世界上最大的宫殿群——故宫中100个空间的故事。首次公开展示了故宫的众多非开放区,比如皇家私密空间、宗教场所等,同时全方位揭秘了一些宫廷建筑的传统工艺,以及一些特殊的设计,比如防火、冷库等。

7.《旅行到宇宙边缘》:一部关于地球和宇宙的纪录片。从地球出发,到达月球,接着探索了太阳系、银河系,然后是星云、双星、黑洞、超新星、宇宙大爆炸,令人震撼。

8.《园林》:展示了中式居住文化。园林是中国人向往的生活方式,是由树木、花草、山石、泥土、水等营造的一个人与自然和谐相处的环境。

9.《二次大战全彩实录》:第二次世界大战中,有61个国家和地区、近20亿人口卷入了战争,对世界产生了深远和长久的影响。这部纪录片有助于我们了解其中的一些关键事件。

10.《史上100个伟大发现》:美国探索频道制作的9集纪录片,包括8个领域100个重大科学发现。

11.《女孩崛起》:讲述了来自不同地方的9个女孩的故事,有的面临包办婚姻,有的遭受奴役虐待,但她们都通过接受教育而努力改变这一切。

12.《欧陆苍穹下》:法国制作的介绍欧洲的纪录片,可以了解法国以及法国视角下的欧洲。

13.《西洋艺术史》:英国广播公司(BBC)出品的6集纪录片。以时间和流派为线索,介绍了后中古时期、文艺复兴时期、巴洛克时期、洛可可及新古典时期、浪漫主义时期、印象派及后印象派时期的艺术发展,基本上囊括了西方历史上的名家名画,是了解西方艺术史最重要的纪录片。

学习策略

通过纪录片学习与通过阅读图书学习有什么差异呢？最大的差异是，纪录片用大量的图画传递信息，再配合说明性的讲述，省略了从抽象的文字符号转译成实物的过程，比如，不需要从"瓷器"两个字转换为真实的瓷器实物，因此理解起来更加容易一些。但是一些专业概念还是需要有一定的背景知识才能理解。纪录片的相关学习策略大致与前文所提的阅读策略相同，这里再次强调以下几个策略：

1. 信息提取与记忆。看完以后可以交流、记录其中的重点内容、结论等。

2. 视觉文字化。将图像内容转述成文字，或者阅读相同内容的文字图书。

3. 确定观点，找出支持观点的事实或者理由；区分事实、观点、信念和视角。

4. 对比。对比观看同类纪录片，讨论内容的异同、视角的差异等。

5. 利用多个信息来源求证或者解决疑问。虽然在某种程度上纪录片是"眼见为实"，能够提供较为真实的信息，但是任何媒介和内容都是由背后的人和机构提供的，或多或少存在一定的局限性。在观看时，可以鼓励儿童通过独自实验、调查等方式验证其中的内容与结论，并利用多种信息渠道检验信息的可靠性。

6. 提出有难度的问题。父母或老师提出有难度的问题，鼓励儿童思考纪录片中隐藏的信息、主题等，以帮助他们更好地理解内容。

7. 提出尚未解决的问题。即使看起来确凿无疑的科学发现，我们也应该意识到，科学只是无限接近事实的模型。通过提出尚未解决的问题，可以激发儿童进一步探索的兴趣。

其他策略，比如建立模型、将虚构类文本与非虚构类文本的信息相结合等，同样适用于纪录片的学习。

后　记

努力的路上，学会和失败做伴

本书引用了上百位研究人员的成果，展示了非虚构阅读的重要性、现状、各国的重视程度、儿童的认知能力、丰富的阅读策略以及效果等，可以说是一本具有很强科学性和操作性的指导手册。也许你看完本书以后，挑选了不错的图书，确认了一些正好需要的阅读策略，摩拳擦掌，准备在自己身上、在孩子身上或者在班级里一试身手。

那么我在这里要提醒你的是，使用这些阅读策略的过程中，你将遭遇失败。

是的，这是必然的。

都是什么样的失败呢？

孩子没用上、不会用、不想用，因为太麻烦、太难了。比如，当你想跟他们讨论某个疑问的时候，他们认为直接说出答案效率更高；当你要组织小组讨论的时候，有些同学认为那没有意义，其他同学的见解不值一提；当你想要跟学生讨论一篇文章的观点并且有理由怀疑

后　记　努力的路上，学会和失败做伴

文中观点有误的时候，他们认为这会导致混乱，以后读书就不知道是否该相信书中的内容了；等等。

现代认知心理学家普遍认为，知识可划分为陈述性知识和程序性知识。本书介绍的阅读策略属于陈述性知识，而在阅读中使用这些策略时，它们就是程序性知识。程序性知识不是仅仅记住就够了的，需要在具体情景中使用。当阅读时还需要从进行信息加工的大脑资源中拿出一部分有意识地执行额外的策略，那大脑的整体工作效率就会降低。

任何一件事情，很少有第一次操作就成功或没有失误的。比如，你学写字的时候，第一个字就写得像现在这么好吗？你第一次用筷子吃饭的时候，就能夹起宫保鸡丁里的花生米吗？你自己读第一本的时候，就朗朗上口没有磕磕绊绊吗？你学习走路的时候，从来没有摔倒过吗？所以，使用新策略的时候，一次次失败才是家常便饭，成功往往是多次失败的积累。最后，你还是学会了走路，学会了灵巧地使用筷子，学会了读起书来行云流水般顺畅，学会了写字——不但龙飞凤舞，还胸有成竹、下笔有神。

所以，使用本书的时候遇到挫折太正常了。

尽管有挑战和挫折，但是成长的乐趣也恰恰在于战胜挑战。

用这些阅读策略就比不用好，用得多就比用得少好，用得熟练就比不熟练好。

开始阅读吧！

附 录

非虚构类作品奖项

中国奖项

1. 中国科普作家协会优秀科普作品奖：始于 2010 年，该奖项采用推荐评审制，每两年评选一次，是我国科普创作领域的最高荣誉，其评选产生的特别奖和优秀奖作品可直接向国家科学技术进步奖推荐。

2. 国家科学技术进步奖：2005 年，国家科技奖励工作办公室首次开展了科普作品的受理和评审工作，共受理了 44 项科普著作类项目。

3. 国家图书馆文津图书奖：设立于 2004 年，由国家图书馆主办，并联合全国图书馆共同参与的公益性图书奖项，每年评选一次，参评图书为社科类、科普类和少儿类，侧重于能够传播知识、陶冶情操，提高公众对人文与科学素养方面的非虚构类（少儿类除外）普及性图书的关注。

4. 中华优秀科普图书榜：始于 2017 年，由中国科学技术协会科普部、中国出版协会、韬奋基金会、中国大百科全书出版社联合主办。

活动采用专家评选和公众投票相结合的方式,是国内专门以科普图书为评选对象的大型图书推荐活动。

5. 吴大猷科学普及著作奖:由吴大猷学术基金会主办,大陆的中国科学报社和台湾的中国时报开卷周报合办。该奖采用申报评审制,分创作及译作两类,奖项分金奖、银奖和佳作奖。

6. 梁希科普奖:为纪念我国著名的林学家、林业教育家和社会活动家梁希先生,中国林学会于2003年成立了"梁希科技教育基金",其中包括梁希科普奖,奖励在林业科普创作、科普活动等方面做出突出贡献的单位或个人。

7. 世界华人科普奖:设立于2013年,由世界华人科普作家协会主办。评选方式为推荐和自荐相结合。

除上述奖项外,还有北京市优秀科普作品奖、湖南省优秀科普作品奖等地方奖项,中国农机优秀科普作品奖、中医中药中国行最佳科普作品奖等行业奖项。中华优秀出版物奖、"五个一工程"奖、中国出版政府奖、"三个一百"原创图书出版工程奖、大众喜爱的50种图书等图书奖项,也经常将科普图书纳入评选范围。

国外奖项

1. 英国皇家学会青少年图书奖:由成立于1660年的英国皇家学会主办,但是名字发生很多次变化——科学图书奖青少年奖、罗纳普朗克青少年科学图书奖、安万特青少年科学图书奖、皇家学会青少年科学图书奖。科普图书类奖项包含青少年图书奖与温顿科学图书奖2种。该奖项评委会由成人组与青少年组构成，青少年组成员由14岁以下的青少年学生组成。

2. 英国医学协会（British Medical Association，简称BMA）医学图书奖：奖励医学领域的优秀图书，奖励对象涉及21个类别，涵盖广泛。该奖项还含有一些特殊的奖，如BMA学生教材奖、BMA绘本奖、BMA董事会公众理解科学奖。

3. 英国科学与文学学会图书奖：英国科学与文学学会是一个学术团体，目的在于促进科学与文学之间的跨学科研究。2007年设立了科学与文学学会图书奖，主要颁发给每年科学与文学领域内的最佳图书。

4. 美国青少年优秀科学图书奖：始于1973年，由美国科学教师协会与儿童读物委员会合作成立的非营利行业协会颁发，这个协会涵盖了美国出版商与图书包装制作商在内的机构。协会通过评选委员会科学化的讨论与甄别，为青少年提供优秀科普图书的书目清单。该奖项每年评选一次。

5. 华盛顿儿童图书协会非小说奖：华盛顿儿童图书协会成立于1945年，是一个由作家、插画家、儿童文学专家组成的专业组织。该奖项设立于1977年，目的在于鼓励作者为小读者创作非小说类作品。

6. 美国普利策非虚构类创作奖：普利策奖，又称普利策新闻奖，根据美国报业巨头约瑟夫·普利策（Joseph Pulitzer）的遗愿设立，包括14项新闻类奖项和7项创作类奖项。其中，普利策非虚构类创作奖设立于 1962 年。

7. 美国图书馆协会的罗伯特·F. 塞伯特信息图书奖章：美国图书馆协会成立于 1876 年，是世界上最古老和最大的图书馆协会。罗伯特·F. 塞伯特信息图书奖章始于 2001 年，每年评选一次。

8. 美国科学促进会的《科学图书与电影》优秀科学图书奖:《科学图书与电影》是美国科学促进会编辑的一本在线评论杂志，评选年度优秀青少年科普读物。该奖项包括按读者年龄划分的儿童科学图画书奖、初中生科学图书奖及青年科学图书奖。

9. 绿色地球图书奖：绿色地球图书奖基金会是一家向青少年宣扬环保观念的非营利组织，与美国索尔兹伯里大学联合设立了该奖。评选范围只针对前一年度在美国出版的英语图书，其主题须与环保有关，类别包括图画书、儿童小说、青少年小说、儿童纪实作品、青少年纪实作品。

10. 欧盟最佳科普奖。

11. 德国著名科普类杂志《科学画报》的最佳知识类图书奖。

12. 澳大利亚儿童读物委员会（Children's Book Council of Australia，简称 CBCA）的伊芙·波纳尔奖。

13. 澳大利亚儿童图书理事会杰出图书奖。

14. 法国古登堡少年图书奖。

15. 法国国家当代艺术基金会少年图书奖。

注 解

［1］亚历山大（Alexander）的研究论文：ALEXANDER. The Pleasures of Reading Non-Fiction, Joy; Jarman, Ruth Literacy, v52 n2 p78-85 May 2018.

［2］苏珊娜·史密斯（Susannah Smith）的研究论文：SMITH S. The Non-Fiction Reading Habits of Young Successful Boy Readers: Forming Connections between Masculinity and Reading.

［3］格拉哈姆（Graham）的研究论文：GRAHAM S A, KILLREATH C S, WELDER A N. 13-month-olds Rely on Shared Label and Shape Similarity for Inductive Inferences. Child Development, 75, 409-427.

［4］辛西娅（Cynthia）的研究论文：CYNTHIA B. Preschoolers' Acquisition of Scientific Vocabulary Through Repeated Read-aloud Events, Retellings, and Hands-on. Reading Psychology 29: 165-193.

［5］卡伦（Karen）的研究论文：KAREN E K, CASEY M R, TIFFANY G M. Utilizing nonfiction texts to enhance reading comprehension and vocabulary in primary grades[J]. Early Childhood Education Journal, 2017（45）: 285-296.

［6］布拉塞尔（Brassell）的研究论文：BRASSELL D. Inspiring Young Scientists With Great Books[J]. Reading Teacher, 2006, 60（4）: 336-342.

［7］斯莫尔金（Smolkin）等人的研究论文：SMOLKIN L B, DONOVAN C A. "Excellent, excellent question." Developmental differences and comprehension acquisition. In C. C. Block & M Pressley（Eds.）, Comprehension instruction: Research-based best practices（pp. 140-157）. New York: Guilford.

［8］贾隆戈（Jalongo）的研究：JALONGO M R. Young children and picture books

[M]. 2th ed. Washington, D.C.: National Association for the Europe, 2004.

[9] 帕特丽夏（Patricia）的研究: PATRICIA A. A Question of Access: Finding Information Books for Emergent Readers[J]. Language & Literacy: A Canadian Educational E-journal, 1944, 9（1）.

[10] 杜克（Duke）的研究: DUKE N K, KAYS J. "Can I say once upon a time?" Kindergarten children developing knowledge of information book language. Early Childhood Research Quarterly, 13（2）, 295-318.

[11] 雅各（Jacob）, 莫里森（Morrison）和斯温亚德（Swinyard）的研究: JACOBS J S, MORRISON T G, SWINYATD W R. Reading aloud to students: A national probability study of classroom reading practices of elementary schoolteachers. Reading Psyclology, 21, 171-193.

[12] 帕特丽夏（Patricia）的研究: LARKIN-LIEFFERS A.Finding informational picture books for beginning readers: An ecological study of a median income of western Canadian urban neighborhood. A thesis submitted to the faculty of graduate studies and research in partial fulfillment of the requirements for the degree of Doctor of PHILOSOPHY.University of alberta, Fall 2011.

[13] 陈兆福，陈应年. 百年前法国第一部百科全书. 出版工作, 1978.

[14] 邹振环. 近代最早百科全书的编译与清末文献中的狄德罗. 复旦学报（社会科学版）, 1998

[15] 王春秋. 中国近代科普读物发展史. 上海: 华东师范大学. 硕士论文, 2007

[16] 冷杰. 幼儿园知识类绘本阅读教学研究. 济南: 山东师范大学硕士论文, 2014

[17] 斯利（Leslie）的研究: LESLIE A M. Sptiotemporalcountinuitity and the perception of casuality in infants. Perception, 1984, 13, 287-305

[18] 米德（Mead）的论文: MEAD.The Primitive Child In C Murchison（Et）, A handbook of child psychology. Worcester, MA: Clark University Press.

[19] 帕帕斯（Pappas）的研究: PAPPAS. Exploring the global structure of "information banks". Paper presented at the Annual Meeting of the NatianaE Reading Conference

（36th, Austin, TX, December 2-6, 1956）.

[20] 马克·布里斯巴特（Marc Brysbaert）的论文：BRYSBAERT M. How many words do we read per minute? A review and meta-analysis of reading rate.Journal of Memory and Language, 2019.

[21] 查莫特（Chamot）的研究论文：OMALLEY J M, CHAMOT A U. The Calla Handbook: Implementing the Cognitive Academic Language Learning Approach[M]. MA: Addison-Wesley, 1994.

[22] 伊丽莎白·萨尔兹比（Elizabeth Sulzby）的研究：SULZBY E. Children's Emergent Reading of Favorite Storybooks: A Developmental Studay（J）. Reading Research Quarterly, 1985, 20（4）.

[23] 帕帕斯（Pappas）的研究：PAPPAS C C.Young children's strategies in learning the "book language" of information books. Discourse Processes, 14, 203-225.

[24] 王津.学前儿童科学知识图画书阅读理解研究[D].上海：华东师范大学，2013.

[25] 布兰斯福德（Bransford）等人的研究：BRANSFORD J D, BROWN A L, COCKING R R. How people learn: Brain, mind, experience, and school. Washington, DC: National Academy Press.

[26] 艾瑞克森（Erickson）的研究：ERICKSON C A, JAGA B, DESIMONE R.Clustering of perirhinal neurons with similar properties following visual experience in adult monkeys Nature Neurosscience, 3（11）.1143-1148.

[27] 威尔逊（Wilson.B）等人的研究：WILSON B, WILSON M. Pictorial composition and narrative structure: Themes and the creation of meanmg in the drawings of Egyptian and Japanese children. Visua Arts Research, 13（2）, 10-21.

[28] 卡萨索拉（Casasola）的研究：CASASOLA M, WEI W S, SUH D D, et al. Children's Exposure to Spatial Language Promotes Their Spatial Thinking. Journal of Experimental Psychology: General. Advance online publication.

[29] 韦伯（Webb）的研究：WEBB N M. Testing a theoretical model of student interaction and learning in small group: In R. Hertz-Lazarowitz & N. Miller (Eds.), Interaction in cooperative groups; The theoretical anatomy of group learning(pp. 102-119). New York: Cambridge University Press.

[30] 芭芭拉（Barbrara）和史密斯（Smith）的研究：LISA H P, BARBARA A B, SMITH J M. A comparison of preschool teachers' talk during storybook and information book read-aloud[J]. Early Childhood Research Quarterly, 2012（27）: 427.

[31] 布卢门费尔特（Blumenfelet）的研究：BLUMENFELD P, FISHMAN B J, KRAJCIK J, et al. Creating usable innovations in systemic reform: Scaling-up technology-embedded project-based science in urban schools. Educational Psychologist, 35, 149-164.

[32] 贝兹（Paez）的研究：PAEZ W M, BOOKS F. A Quick Guide to Teaching Informational Writing, Grade 2[J]. 2012.

[33] 威霖汉姆等人的研究：WILLINGHAM D, NISSEN M, BULLEMER P. On the development of procedural knowledge. Journal of Experimental Psychology: Learning, Memory, and Cognition, 75, 1047-1060.

[34] 维果斯基的研究：VYGOTSKY LS. Thought and language(rev. ed.). A. Kozulin (Ed.). Cambridge, MA: MIT Press.(Original work published 1934)

参考文献

中文文献

[1] 赵丽华. 中美小学语文教科书中动物题材选文比较研究[D]. 上海师范大学, 2019.

[2] 马纳克. 美国早期儿童教育中非虚构文本应用及其启示[J]. 学前教育研究, 2019（2）: 81-84.

[3] 刘立, 孙楠, 牛桂芹. 公民科学素质测评国际新进展及对中国的启示[J]. 全球科技经济瞭望, 2018, 33（5）: 33-39.

[4] 李树. 2017中国少儿科普图书出版情况研究[J]. 出版广角, 2018（8）: 36-38, 62.

[5] 郭哲. 中日初中语文教材写作部分比较研究[D]. 上海师范大学, 2018.

[6] 吴晶. 日本小学国语教科书中说明性文章研究[D]. 杭州师范大学, 2018.

[7] 崔欣华, 张娜, 邵艳娟, 等. 2岁儿童词汇发育研究[J]. 中国妇幼保健, 2017, 32（4）: 723-726.

[8] 魏小娜. "通过阅读来学习": 中小学阅读教学新视域[J]. 中国教育学刊, 2017（4）: 67-70, 76.

[9] 邱辰. "非连续性文本"的阅读现状及教学策略研究[D]. 东北师范大学, 2014.

[10] 任磊, 张超, 何薇. 中国公民科学素养及其影响因素模型的构建与分析[J]. 科学学研究, 2013, 31（7）: 983-990.

[11] 薛涌. 非小说阅读的意义[J]. 少年儿童研究, 2013（9）: 29-30.

[12] 王津. 学前儿童科学知识图画书阅读理解研究[D]. 华东师范大学, 2013.

[13] 王春秋.中国近代科普读物发展史［D］.华东师范大学，2007.

[14] 邓建，汤国铎，雷忠强.关于"数学阅读材料"情况的调查［J］.中学数学教学参考，2002（12）：23-25.

[15] 刘春玲.插图对儿童的阅读理解和记忆的影响［J］.华东师范大学学报（教育科学版），1990（1）：81-88.

[16] 关注！佛山全市小学六年级期末统考新增科学素养测评［EB/OL］.（2020-01-02）［2020-07-10］.http：//m.fsonline.com.cn/p/272007.html.

[17] 从教育部新发布的"实验教学意见"内容来看今后教育发展方向！［EB/OL］.（2019-12-04）［2020-07-10］.https：//www.sohu.com/a/358303413_120420022.

[18] 李叶，马俊锋，高宏斌.我国科普图书评奖活动存在的问题及其对策［J］.出版发行研究，2019（2）：27-31.

[19] 陈凯，马宏佳.科学写作教学研究述评［J］.高等理科教育，2018（1）：14-22，35.

[20] 史维诚.涂鸦与儿童语言的关系研究［D］.上海师范大学，2017.

[21] 杜南.观赏图画书中的图画［M］.宋珮，译.乌鲁木齐：新疆青少年出版社，2017.

[22] 李川,刘克文.中小学科学教育改革的热点与趋势[J].中小学管理,2016(5)：4-7.

[23] 冷杰.幼儿园知识类绘本阅读教学研究［D］.山东师范大学，2014.

[24] 化慧.学前儿童图画书重复阅读研究［D］.江苏大学，2016.

[25] 崔利斯.朗读手册［M］.陈冰，译.北京：新星出版社，2016.

[26] SHAFFER D，KIPP K.发展心理学［M］.8版.邹泓，译.北京：中国轻工业出版社，2009.

[27] 胡壮麟.语言学教程［M］.5版.北京：北京大学出版社，2015.

[28] COSTACHA I.理解艺术的艺术［M］.王雪瑜，译.北京：电子工业出版社，2015.

[29] 马修斯.哲学与幼童[M].陈国容,译.上海:生活·读书·新知三联书店,2020.

[30] 金颖.儿童哲学教育提升小学生自我效能感、创造性的实验研究[D].上海师范大学,2014.

[31] 刘妮娜,王静,韩映虹,等.自读、伴读和指读对2~3岁幼儿图画书阅读中文字注视的影响[J].心理发展与教育,2014,30(1):39-45.

[32] 王志芳.英美与我国科普图书奖之比较[C].北京:中国科普研究所,2013.

[33] 克拉生.阅读的力量[M].李玉梅,译.乌鲁木齐:新疆青少年出版社,2011.

[34] 陈群.从科学知识社会学到科学知识经济学:意义内涵论与外延论的辩证综合[J].科学技术哲学研究,2012,29(6):46-50.

[35] 邹梦雨.2~6岁儿童隐喻理解能力发展研究[D].南京师范大学,2012.

[36] 贾鹤鹏.科学传播获得新动力:第七届世界科学记者大会侧记[J].科普研究,2011,6(4):93-96.

[37] 科特雷尔.批判性思维训练手册[M].李天竹,译.北京:北京大学出版社,2012.

[38] BEATY J.幼儿发展的观察与评价[M].7版.郑福明,费广洪,译.北京:高等教育出版社,2011.

[39] 刘凡,杨萍.新编新闻学概论[M].广州:暨南大学出版社,2011.

[40] 韦斯顿.论证是一门学问:如何让你的观点有说服力[M].卿松竹,译.北京:新华出版社,2011.

[41] 周兢著.汉语儿童语言发展研究:国际儿童语料库研究方法的应用与发展[M].北京:教育科学出版社,2009.

[42] 李欣珍.儿童语法接受能力的发展研究[D].浙江师范大学,2007.

[43] 怀特.从出生到3岁:婴幼儿能力发展与早期教育权威指南[M].宋苗,译.北京:京华出版社,2007.

[44] 罗照盛,张厚粲.中小学生语文阅读理解能力结构及其发展特点研究[J].心理科学,2001,24(6):654-656.

[45] 杨跃.法国小学教育考察［M］.南京：南京师范大学出版社，1999.

[46] 缪小春，朱曼殊.幼儿对某几种复句的理解［J］.心理科学通讯，1989（6）：3-8，44，66.

[47] 张璟光，丁慧韵，林菁.2~6岁儿童对空间词汇的理解和产生的初步实验研究［J］.福建师范大学学报：哲学社会科学版，1987（1）：118-124，129.

[48] 林崇德.小学儿童数概念与运算能力发展的研究［J］.心理学报，1981（3）：289-298.

[49] 冯申禁，宋钧，佟乐泉.儿童运用归纳法概括句组内词语能力的实验研究［J］.心理学报，1980（2）：226-234.

[50] 王蕾.日本国民科学素养的培育历程［M］.上海科学技术文献出版社，2017.

[51] 高益民，郑璐.加拿大社会科课程四大范式及其规范化［J］.比较教育研究，2017（5）：19-25.

[52] 张颖之.美国科学教育改革的前沿图景：透视美国K-12科学教育的新框架［J］.比较教育研究，2012（3）：72-76.

英文文献

[1] ALEXANDER J, JARMAN R. The pleasures of reading non - fiction. Literacy, 52(2), 78–85.

[2] ALLOWAY T P,GATHERCOLE S E, KIRKWOOD H, et al. The working memory rating scale: A classroom-based behavioral assessment of working memory. Learning & Individual Differences, 19(2), 242–245.

[3] ANDERSON R C, PEARSON P D. A Schema-Theoretic View of Basic Processes in Reading Comprehension. Technical Report No. 306.

[4] BLOCK C C, PRESSLEY M. Comprehension Instruction: Research-Based Best Practices. Solving Problems in the Teaching of Literacy.

[5] BLUMENFELD P, FISHMAN B J, KRAJCIK J, et al. Creating Usable Innovations in Systemic Reform: Scaling Up Technology-Embedded Project-Based Science in Urban Schools. Educational Psychologist, 35(3), 149–164.

[6] BRASSELL D. Inspiring young scientists with great books. Reading Teacher, 60(4), 336–342.

[7] BREGANT J, WELLBERY I, SHAW A. Crime but not punishment? Children aremore lenient toward rule-breaking when the "spirit of the law" isunbroken. Journal of experimental child psychology, 178,266-282.

[8] BRUCKS M S, HUANG S C. Does Practice Make Perfect? The Contrasting Effects of Repeated Practice on Creativity. Journal of the Association for Consumer Research, 5(3), 291–301.

[9] BRYSBAERT M. How many words do we read per minute? A review and meta-analysis of reading rate. Journal of Memory and Language, 109.

[10] BUSHNELL I W, SAI F, MULLIN J T. Neonatal recognition of the mother's face. British Journal of Developmental Psychology, 7(1), 3–15.

[11] CASASOLA M, WEI W S, SUH D D, et al. Children's Exposure to Spatial Language Promotes Their Spatial Thinking. Journal of Experimental Psychology: General. Advance online publication.

[12] CASTRO-CALDAS A, PETERSSON K M, REIS A, et al. The illiterate brain: Learning to read and write during childhood influences the functional organization of the adult brain. Brain: A Journal of Neurology, 121(6), 1053–1063.

[13] CHOUINARD M. Children's questions: Amechanism for cognitive development. Monographof the Society for Research in Child Development, 72.

[14] CIPIELEWSKI J, STANOVICH K E. Predicting Growth in Reading Ability from Children's Exposure to Print.

[15] CRANDELL J D. Information book read-alouds in Head Start preschools and the development of preschoolers' vocabulary and emergent literacy skills [ProQuest Information & Learning]. In Dissertation Abstracts International Section A: Humanities and Social Sciences (Vol. 72, Issues 4-A).

[16] CROSS D R, PARIS S G. Developmental and instructional analyses of children's metacognition and reading comprehension. Journal of Educational Psychology, 80(2), 131–142.

[17] DUKE N K, KAYS J. "Can I say 'once upon a time'?" : Kindergarten children developing knowledge of information book language. Early Childhood Research

Quarterly, 13(2), 295–318.

[18] ERICKSON C A, JAGADEESH B, DESIMONE R. Clustering of perirhinal neurons with similar properties following visual experience in adult monkeys. Nature Neuroscience, 3(11), 1143.

[19] EVANS M A, SAINT-AUBIN J, LANDRY N. Letter Names and Alphabet Book Reading by Senior Kindergarteners: An Eye Movement Study. Child Development, 80(6), 1824–1841.

[20] EVANS M A, WILLIAMSON K, PURSOO T. Preschoolers' Attention to Print During Shared Book Reading. Scientific Studies of Reading, 12(1), 106–129.

[21] FANTZ R L. Pattern Vision in Newborn Infants. Science (New York, N.Y.), 140(3564), 296–297.

[22] FLAVELL J H, FLAVELL E R, GREEN F L, et al. Young children's understanding of fact beliefs versus value beliefs. Child Development, 61(4), 915–928.

[23] FOGO B. The Making of California's History-Social Science Standards: Enduring Decisions and Unresolved Issues. History Teacher, 48(4), 737–775.

[24] GLENBERG A M, GUTIERREZ T, LEVIN J R, et al. Activity and Imagined Activity Can Enhance Young Children's Reading Comprehension. Journal of Educational Psychology, 96(3), 424–436.

[25] GOLDMAN S R, RAKESTRAW J A J. Structural aspects of constructing meaning from text. In M. L. Kamil, P. B. Mosenthal, P. D. Pearson, & R. Barr (Eds.), Handbook of reading research, Vol. III. (pp. 311–335). Lawrence Erlbaum Associates Publishers.

[26] GRAHAM S A, KILBREATH C S, WELDER A N. Thirteen-Month-Olds Rely on Shared Labels and Shape Similarity for Inductive Inferences. Child Development, 75(2), 409–427.

[27] HART B, RISLEY T R. Meaningful Differences in the Everyday Experience of Young American Children.

[28] JACOBS J S, MORRISON T G, SWINYARD W R. Reading aloud to students: A national probability study of classroom reading practices of elementary school teachers. Reading Psychology, 21(3), 171–193.

[29] JALONGO M R, RIBBLETT D M. Using Song Picture Books to Support Emergent Literacy. Childhood Education, 74(1), 15–22.

[30] KUHN D, CHENEY R, WEINSTOCK M. The development of epistemological understanding. Cognitive Development, 15(3), 309–328.

[31] KUHN D, PARK S H. Epistemological Understanding and the Development of Intellectual Values. International Journal of Educational Research, 43(3), 111–124.

[32] KUHN D, UDELL W. The development of argument skills. Child Development, 74(5), 1245–1260.

[33] KUHN K E, RAUSCH C M, MCCARTY T G. Utilizing nonfiction texts to enhance reading comprehension and vocabulary in primary grades. Early Childhood Education Journal, 45(2), 285–296.

[34] KUHN M R, SCHWANENFLUGEL P J, MEISINGER E B. Aligning Theory and Assessment of Reading Fluency: Automaticity, Prosody, and Definitions of Fluency. Reading Research Quarterly, 45(2), 230–251.

[35] LARKIN-LIEFFERS P A. Informational Books, Beginning Readers, and the Importance of Display: The Role of the Public Library. Les Livres d'information, Les Lecteurs Débutants, et l'importance de La Presentation : Le Rôle de La Bibliothèque Publique., 37(1), 24–39.

[36] LARKIN-LIEFFERS P A. Finding Informational Books for Beginning Readers: An Ecological Study of a Median-Household-Income Neighbourhood. À La Recherche de Littérature Non Romanesque à I'usage Des Lecteurs Débutants : Étude Écologique d'un Quartier Composé de Ménages à Revenu Médian., 39(1), 1–35.

[37] LAVOIE J C. Cognitive determinants of resistance to deviation in seven-, nine-, and eleven-year-old children in low and high maturity of moral judgment. Developmental Psychology, 10(3), 393–403.

[38] LESLIE, A. M. Spatiotemporal continuity and the perception of causality in infants. Perception, 13(3), 287–305.

[39] LEUNG C. Preschoolers' Acquisition of Scientific Vocabulary Through Repeated Read-Aloud Events, Retellings, and Hands-On Science Activities. Reading Psychology, 29(2), 165–193.

[40] MARKOVITS H, BARROUILLET P. The Development of Conditional Reasoning: A Mental Model Account. Developmental Review, 22(1), 5–36.

[41] MARTINEZ M, HARMON J M. Picture/Text Relationships: An Investigation of

Literary Elements in Picturebooks. Literacy Research and Instruction, 51(4), 323–343.

[42] MCELMEEL S L. Entering the World of Informational Books with Young Readers. Library Talk, 13(4), 6–8.

[43] MCMATH J S, KING M A, SMITH W E. Young Children, Questions and Nonfiction Books. Early Childhood Education Journal, 26(1), 19–27.

[44] MEHLER J, JUSCZYK P, LAMBERTZ G,et al. A precursor of language acquisition in young infants. Cognition, 29(2), 143–178.

[45] NAIGLES L. Children use syntax to learn verb meanings. Journal of Child Language, 17(2), 357–374.

[46] OAKES L M, COHEN L B. Infant perception of a causal event. Cognitive Development, 5(2), 193–207.

[47] OMALLEY J M, CHAMOT A U. The Calla Handbook: Implementing the Cognitive Academic Language Learning Approach [M]. MA: Addison-Wesley, 1994.

[48] ORSOLINI M. "Dwarfs do not shoot": An analysis of children's justifications. Cognition and Instruction, 11(3–4), 281–297.

[49] ORSOLINI M, PONTECORVO C. Children's talk in classroom discussions. Cognition and Instruction, 9(2), 113–136.

[50] PAPPAS C C. Young Children's Strategies in Learning the "Book Language" of Information Books. Discourse Processes, 14(2), 203.

[51] PERNER J, WIMMER H. "John thinks that Mary thinks that…": Attribution of second-order beliefs by 5- to 10-year-old children. Journal of Experimental Child Psychology, 39(3), 437–471.

[52] PRICE L H, BRADLEY B A, SMITH J M. A Comparison of Preschool Teachers' Talk during Storybook and Information Book Read-Alouds. Early Childhood Research Quarterly, 27(3), 426–440.

[53] RICHGELS D J. Informational texts in kindergarten. Reading Teacher, 55(6), 586.

[54] SMITH S. The Non-Fiction Reading Habits of Young Successful Boy Readers: Forming Connections between Masculinity and Reading. Literacy, 38(1), 10–16.

[55] STARKEY P, SPELKE E S, GELMAN R. Detection of intermodal numerical correspondences by human infants. Science, 222(4620), 179–181.

[56] STEIN N L, MILLER C A. I win—you lose: The development of argumentative thinking. In J. F. Voss, D. N. Perkins, & J. W. Segal (Eds.), Informal reasoning and education. (pp. 265–290). Lawrence Erlbaum Associates, Inc.

[57] STEIN N L, BERNAS R. The early emergence of argumentative knoelodge and skills [J] .Andriessen,&PCoririer(Eds) Foundations of argumentative text processing,97-116.Amsterdam:Amsterdam University Press.

[58] THIEDE K W, ANDERSON M C M, THERRIAUIT D. Accuracy of metacognitive monitoring affects learning of texts. Journal of Educational Psychology, 95(1), 66–73.

[59] TIERNEY R J, SHANAHAN T. Research on the reading–writing relationship: Interactions, transactions, and outcomes. In R. Barr, M. L. Kamil, P. B. Mosenthal, & P. D. Pearson (Eds.), Handbook of reading research, Vol. 2. (pp. 246–280). Lawrence Erlbaum Associates, Inc.

[60] TILLMAN K A, MARGHETIS T, BARNER D. Today is tomorrow's yesterday: Children'sacquisition of deictic time words. Cognitive Psychology, 92, 87-100.

[61] WARNEKEN F, LOHSE K, MELIS A P, et al. Young children share the spoils after collaboration. Psychological Science, 22(2), 267–273.

[62] WERTSCH J V. "Conceptual roots of internalization: From transmission to transformation": Commentary. Human Development, 36(3), 168–171.

[63] WILSON B, WILSON M. Pictorial composition and narrative structure: Themes and the creation of meaning in the drawings of Egyptian and Japanese children. Visual Arts Research, 13(2), 10–21.

[64] XU F, GARCIA V. Intuitivestatistics by 8-month-old infants. Proceedings of the National Academy of ences of the United States of America, 105(13), 5012-5015.

[65] ZAUCHE L H, THUL T A, MAHONEY A E D. Influence of language nutrition on children's language and cognitive development: An integrated review. Early Childhood Research Quarterly, 36, 318–333.

[66] ZIMBARDO P G, MONTGO MERY K C. The relative strengths of consummatory responses in hunger, thirst, and exploratory drive. Journal of Comparative and Physiological Psychology, 50(5), 504–508.

[67] ZWAAN R A. Effect of genre expectations on text comprehension. Journal of Experimental Psychology: Learning, Memory, and Cognition, 20(4), 920–933.